An Illustrated Guide to Buddhism

Let's learn about Buddhism

知れば
知るほどおもしろい！

やさしくわかる
仏教の
教科書

石田一裕［監修］

ナツメ社

　「仏教っておもしろい！」仏教講座を終えるとこういった感想をもらいます。それまで「仏教＝お寺やお経、または法事やお葬式」などのイメージを抱いていたのでしょう。

　しかし、仏教を学び始めると、それとは違う、けれどもそこにつながる「仏教の豊かさ」に触れることができます。

　この豊かさは、インドからアジア各地、世界へと伝わった地理的な広がりと、2500年以上にわたり受け継がれてきた歴史が織りなすものです。本書は、教えや歴史に触れたいけれど難しい文章ばかりではどうも……という方のために、図解を多用し、できるだけやさしく伝えることを目指しました。

　とはいえインドを起源とし、アジア各地に広がり信仰され続けてきた仏教を、教科書風にまとめるのは骨の折れる作業でした。わかりやすさを優先し簡略化した部分もあります。本書を読み進めて「あれっ」と思った方は仏教をよく知っている人。ぜひ自慢してください。仏教初心者の方は、本書で興味がわいた部分を、さらに詳細な本で学び進めてください。

　私は、仏教は自由になるための教えだと思っています。みなさんが仏教を学ぶことは、日常の価値観とは違う視点を得て、自由な思考を手に入れるチャンスです。もしもこの本がその一助となれば、監修者としてこのうえもない喜びです。

　　　　　　　　　　　　　　　　　石田一裕

仏教の世界にようこそ

天上天下 唯我独尊

ときは紀元前5世紀、
インド北部の小国で
ひとりの王子が誕生しました。
その名はシッダールタ。
のちに悟りを開き、
お釈迦様になる人物です。

誕生
⇒P20

四門出遊
⇒P22

文武両道、多才で
多感な青年は、
人間の根源的な
苦しみについて
思い悩むようになります。

出家生活
⇒P24

結婚し、子どもをもうけましたが、
29歳のとき、すべてを捨て出家。
修行者として6年間も苦行を続けます。

いくら苦行を重ねても、
悟ることはできないと確信して、
菩提樹の下で
深い瞑想に入ります。
出家から7年目、
35歳のときに、
とうとう悟りを開き、
ブッダとなりました。

降魔成道
⇒P27

ブッダとなったお釈迦様は、
自分が悟った教えを伝えるために、
教団をつくり、津々浦々を行脚し、
教えを説きます。

初転法輪
⇒P29

ブッダ（仏陀）が説いた教え、
それが仏教なのです。

Part
1 仏教の誕生
お釈迦様のライフヒストリーで読み解く
▶P19

お釈迦様はこの世の理を説きました。

苦しみは煩悩が
あるから生まれる。

煩悩のない
世界に行けば、
苦しみはなくなる。

人には根源的な
苦しみがある。

四苦八苦
⇒P46

正しい修行をすれば、
苦しみのない
悟りの世界に
たどり着くことができる。

この世の
あらゆるものは
相互に縁って起こる。

四聖諦
⇒P47

縁起
⇒P50

すべては移ろい
消えていく
ものである。

修行で智慧を
獲得すれば、世界を
正しく見ることができ、
一切の苦しみが消滅する。

永遠不変の本体は
どこにもない。

諸行無常
⇒P58

諸法無我
⇒P59

涅槃寂静
⇒P61

Part
2 教えの基本　みんなの迷い、苦しみを仏教で解決　▶P43

お釈迦様が亡くなると、
お釈迦様を慕う人々が、
その教えを忘れまいと、
さまざまな形で伝承していきました。
それが経典となります。

没後100年以上を経ると、
教えに対して
さまざまな解釈が
生まれるようになります。

仏教伝播
マップ
⇒P80

上座部
仏教
⇒P82

仏教は、インドのなかで分裂をくり返し、
やがて世界各地へと伝播していきます。

そして、ふたつの潮流が生まれます。
ひとつは、出家者が中心となり、
修行を続ける上座部仏教（部派仏教）。

大乗仏教
⇒P83

もうひとつは、
出家者だけではなく、
在家信者も修行により
悟りを目指せる大乗仏教。

大乗仏教のさまざまな経典は、
お釈迦様以外の仏様や
空や浄土に言及します。

般若経

⇒P96

法華経

⇒P98

華厳経

⇒P100

浄土三部経

⇒P102

大般涅槃経

⇒P104

Part 3　生きとし生けるものを残らず救いたい！
仏教伝播と大乗の教え ▶P71

大乗仏教は北方を中心に広まり、
シルクロードを経由し、中国から朝鮮半島を経て、
やがて日本にも伝わりました。

仏教公伝・
聖徳太子
⇒P112～113

538年（一説には552年）、仏教が伝来。
八百万の神を崇める日本人は、
仏様を呪力でけがれをとり除く異国の神として
受け入れました。そして鎮護国家を支える
国家仏教体制がしかれました。

奈良時代は、中国由来の学派仏教が主流でした。

法相宗　徳一
⇒P119

華厳宗
⇒P120

律宗　鑑真
⇒P121

平安時代に入ると、最澄、空海などが登場します。
それ以降、日本独自の宗派が生まれました。

天台宗　最澄
⇒P124

真言宗　空海
⇒P128

融通念仏宗
（ゆう ずう ねん ぶつ しゅう）

⇒P133

浄土宗
（じょう ど しゅう）

法然
（ほう ねん）

⇒P134

浄土真宗
（じょう ど しん しゅう）

親鸞
（しん らん）

⇒P138

臨済宗
（りん ざい しゅう）

栄西
（よう さい）

⇒P143

曹洞宗
（そう とう しゅう）

道元
（どう げん）

⇒P146

時宗
（じ しゅう）

⇒P141

黄檗宗
（おう ばく しゅう）

隠元
（いん げん）

⇒P149

日蓮宗
（にち れん しゅう）

日蓮
（にち れん）

⇒P151

仏教行事
⇒P160

仏教は日本人の
思想や精神のみならず、
季節の行事、死者供養から、
建築物や書、絵画といった
芸術にまで大きな影響を与えました。

Part
4 日本仏教　日本人の精神文化を変えた　▶P107

9

現代でも、寺院に参詣すると、
仏教の世界観を体感することができます。

如来、菩薩、天……仏様の特徴を知り、
手を合わせれば、仏様がもつ功徳を
深く感じとれるはずです。

梵天
⇒P198

不動明王
⇒P195

勢至菩薩
⇒P190

弥勒菩薩
⇒P197

如意輪観音
⇒P184

普賢菩薩
⇒P186

文殊菩薩
⇒P187

Part **5** ブッダの世界をこの世に再現
仏像・寺院のしくみ ▶**P177**

阿修羅
⇒P202

薬師如来
⇒P188

地蔵菩薩
⇒P196

広目天
⇒P200

増長天
⇒P200

多聞天
⇒P201

持国天
⇒P201

さあ、仏教世界を巡る本編のはじまりはじまり〜！

Part 1 お釈迦様のライフヒストリーで読み解く **仏教の誕生**

Part 2

みんなの迷い、苦しみを仏教で解決

教えの基本

Part 3

生きとし生けるものを残らず救いたい！

仏教伝播と大乗の教え

Part 4

日本人の精神文化を変えた
日本仏教

中国仏教

日本仏教のルーツは中国仏教。
経典輸入＆研究を経て宗派が誕生……108
仏教伝来／訳経家／教相判釈

日本仏教

官主導で日本へ導入。
土着信仰と融合していった……112
仏教公伝／聖徳太子／国家仏教／民間仏教／受戒制度

日本仏教の宗派

信仰の対象、教えのポイントの差異で
13宗派が存在する……116
伝統仏教

Part 1

お釈迦様の
ライフヒストリーで読み解く

仏教の誕生

インド北部の小国の王子、大いに悩み出家する

お釈迦様の生きざまには仏教の教えが詰まっています。その生涯に自分たちを重ね合わせれば、仏教をより理解できるはずです。

誕生 教祖はシャーキャ族の王子として生まれたシッダールタ

お釈迦様の誕生時期は、紀元前5世紀前後、今からおよそ2500年前と推定されます。父はシャーキャ族の首長のひとりスッドーダナ（浄飯王）、母はマーヤー（摩耶夫人）。その王子として生まれた男児は、ガウタマ・シッダールタと名づけられました。家系（族姓）を表すガウタマとは「もっとも優れた牛」、シッダールタは「目的を成就した者」という意味。

お釈迦様が生まれ育ったカピラ城は今のネパールにありました。お釈迦様は29歳までその城で過ごすことになります。

2頭の竜王が暖かい雨と冷たい雨を降らせた

2頭の竜王が暖かい雨と冷たい雨を降らせて、お釈迦様の体を清めたという。これが、のちのお釈迦様の生誕祭（花祭り、降誕会・P160）で、甘茶をかける儀式につながる。

生まれてすぐに宣言した

7歩歩き、右手で天を、左手で地を指し、「天上天下唯我独尊」と宣言。「私だけが尊く、みんなを救済する」の意。「私と同じように誰もが一人ひとり尊い」という解釈も。

生まれてすぐに7歩歩いた

「7」はインドでは宗教的な数。お釈迦様が宗教に関わることを暗示。六道輪廻（P48）を超えるという解釈も。

名前の意味

お釈迦様、釈尊、ブッダ……
いくつもの名前をもつ

　お釈迦様という呼び名はシャーキャ族に由来。聖者を意味する「牟尼」、尊ばれる人を指す「世尊」が合わさり釈迦牟尼世尊、略して「釈尊」とも呼ばれます。ブッダ（仏陀）は目覚めた者の意味で、悟りを開いた後のお釈迦様の呼び名です。

開祖誕生の
びっくり伝説

お釈迦様への深い尊崇の念から、
数々の誕生の物語が紡ぎ出されました。

天界から六牙白象が降臨

マーヤーは、お釈迦様が神々のいる天界（兜率天）から6本の牙のある白い象になり、胎内に入る夢を見て妊娠した。

右の脇から産み落とされた

ルンビニー園はアソーカ樹の花が満開。右手をその枝にかけたとき、マーヤーの右脇からお釈迦様が産み落とされた。

マーヤー
シャーキャ族と友好関係にあったコーリヤ族の女性。お釈迦様の母親。

いまでも聖地
ルンビニー園

産気づいたマーヤーはルンビニー園で休憩し、出産。ルンビニー園はネパール南部タライ平原中央にあり、仏教徒の聖地。1997年にユネスコ世界遺産に登録された。

老い、病、死……生きる意味を探し思い悩む

王子として大切に育てられ、文武両道で何事にも非凡な才能を発揮した少年でしたが、思い悩むことも多かったと伝えられています。実母を生後7日で亡くしたさみしさもあったのかもしれません。

あるとき、掘り返された土からはい出した虫を小鳥が食べ、その小鳥が猛禽に食べられる様子を見て、生きものたちのシビアな現実にショックを受け、大樹の下で瞑想にふけったという伝承も。

生きていれば必ず老い、病になり、死ぬ運命にある人間が、それでもなお生きなければならない意味について、お釈迦様は苦悶するようになります。

四門出遊で出家を決意

4つの城門で見た四者四様の姿に、お釈迦様は無常を感じ、出家を決意。

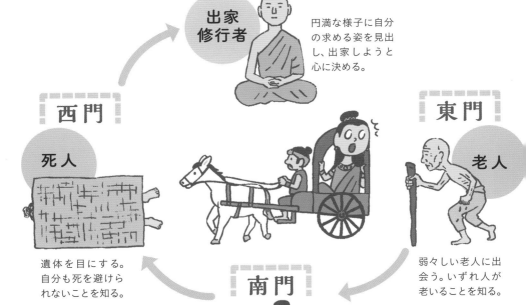

北門

出家修行者

円満な様子に自分の求める姿を見出し、出家しようと心に決める。

西門

死人

遺体を目にする。自分も死を避けられないことを知る。

東門

老人

弱々しい老人に出会う。いずれ人が老いることを知る。

南門

病人

病人に出会う。いずれ病に苦しむことを知る。

お釈迦様の家系図

母の死後、叔母に育てられたお釈迦様はやがて結婚、男児を授かります。

父

スッドーダナ
（浄飯王）
じょうぼんのう
シャーキャ族の王
で実父。

実母
マーヤー
（摩耶夫人）
まやぶにん
お釈迦様を出産後
7日目に他界する。

叔母／継母
マハー・
プラジャーパティー
（摩訶波闍波提）
まかはじゃはだい
姉・マーヤーの死後に
王の後妻になる。

養育

本人

ガウタマ・
シッダールタ
シャーキャ族王子。
次期王を期待され
るが出家する。

妻
ヤショーダラー
（耶輪陀羅）
やしゅだら
いとこ。シッダール
タが16歳のときに
妻になる。

**いとこ同士で
結婚？**
いとこ同士の結婚は珍
しくなかった。ほかに
も複数妃がいて、子が
いたという説もある。

「障害」の由来は？
ラーフラの「ラーフ」と
は日蝕月蝕を起こす悪
魔の名前。転じて「障
害」の意味になった。

息子
ラーフラ
（羅睺羅）
らごら
誕生について諸説
あり。後にお釈迦様
の弟子に（P36）。

結婚と愛息　16歳で結婚し、愛息に「障害」と名づける

　お釈迦様が生まれて間もなく、ヒマラヤに住むアシタ仙人が城を訪ね、お釈迦様を抱きかかえ、「王子がもし出家したら立派なブッダとなるだろう。王位を継げば、世界を統一する転輪聖王になるだろう」と預言しました。

　息子に出家されては困る父王は、悩みがちな王子も愛欲の喜びを知れば出家などするまいと考え、結婚を勧めます。お釈迦様は従妹のヤショーダラーと結婚。16歳のときでした。

　生まれた子にはラーフラ（障害）と命名。息子を、愛着ゆえの束縛の根源、出家の妨げと捉えたという説もあります。

29歳ですべてを捨て出家し、沙門として生きる

出家への思いは断ちがたく、お釈迦様は29歳で出家します。シャーキャ族は弱小国で、隣国のコーサラ国に隷属した状態でした。後継者としての周囲からの期待が負担になっていたのかもしれません。

ある夜、お釈迦様は御者のチャンナに命じ、城の中庭に愛馬カンタカを用意させます。妻子の寝姿を一目見て、カンタカに乗り、城を出発。チャンナとともに郊外の林まで行くと、チャンナとカンタカを城に帰し、ただひとり沙門（出家者）となりました。出家を知った城の人たちは深く嘆き悲しんだといいます。

修行するお釈迦様を目にしたマガダ国のビンビサーラ王が、そのたたずまいに心打たれ、好待遇での仕官の話をもちかけます。しかし、お釈迦様は「欲望を満たすために出家したのではない」と固辞。後にマガダ国はコーサラ国を征服しますが、ビンビサーラ王はこの出会いによって仏教教団の強力な外護者となります。

新しい修行者「沙門」

沙門は当時における新しい修行者で5つの信条をもっていた。①修行中は不退転の態度。②非難・称賛に動じない。③異性や外部の誘惑に負けない。④不殺生。⑤節食、孤独、人里から離れ静かに瞑想する。

王子から沙門への生活の変化

沙門は四依法という生活規範に従い生活。王子としての生活は一変した。

	Before シャーキャ族王子	after 沙門
衣	カーシー（現在のベナレス）産の最高級の絹織物をまとっていた。	他人が捨てた布類をまとう（糞掃衣）。
食	夜な夜な宴が繰り広げられていた。	托鉢によって得たわずかな食事（乞食）。
住	蓮池のある宮廷で育ち、夏用、冬用、雨季用の宮殿（三時殿）で過ごしていた。	人里から遠く離れた森のなか。大樹の下や岩窟、また墓場などに住む（樹下坐）。
その他	外出時には従者が白い盆傘を差しかざしてくれた。雨季は宮廷で女性の伎楽に囲まれていた。	他人とは関わらない、孤独な生活を営む。使用できる薬は牛の尿からつくったものだけ（陳棄薬）。

真理を求め、苦行にたどり着く

ふたりの師の境地に到達し、お釈迦様はさらなる真理を求め苦行の道に。

Step 1 すぐに無の境地に到達

いかなるものも存在しない!

アーラーラ・カーラーマ

最初の師のもとで「無所有処」という「執着すべきものがない」という境地に到るが、師のもとを去る。

Step 2 高度な瞑想の方法を会得

あるのでもなく、ないのでもない!

ウッダカ・ラーマプッタ

ふたり目の師のもとで「非想非非想処」という境地に到るが、煩悩を消しきれない事実を理解し、師のもとを去る。

Step 3 肉体をいためつける苦行に励む

断食・減食（だんじき・げんじき）

一切の食事を断つ（断食）。またゴマやコメ1粒で過ごす（減食）。

呼吸の制御

鼻口をふさいで息を止める。酸欠状態での苦痛に耐える。

ウルヴェーラーのガヤーシーサ山（象頭山（ぞうずさん））にて苦行に励む。断食・減食や呼吸の制御という厳しい修行に6年を費やす。

苦行へ 悟りを得るため、孤独で厳しい修行で死に直面

　お釈迦様は当時高名であった仙人アーラーラ・カーラーマのもとを訪ね、師事。短期間で師の境地に達し、自身が求めていた真理ではないと感得し、師のもとを去ります。続いてウッダカ・ラーマプッタを訪ね、再び師の境地に到達します。ここでもやはり、求めていたものではないと

して、師のもとを去ってしまいます。

　真理を求めるお釈迦様が次に選んだのは苦行。ガヤーシーサ山に入り、5人の修行仲間と厳しい苦行に打ち込みます。

　あらゆる肉体の欲望をそぎ落とそうとする苦行は死に直面するほどのものだったといわれています。

真理はわかった！
教えを広める決意をする

苦行が無意味であると気づいたお釈迦様は、瞑想修行に移り、ついに
真理に到達します。そしてその真理を人々に広める伝道の道を選びます。

乳粥供養

スジャータの乳粥で
苦行をいったんリセット

　6年に及ぶ苦行にもかかわらず、お釈迦様は自分が求める真理を得ることはできませんでした。このままでは真理には到達できないと考え、仲間との苦行から離脱します。

　5人の修行仲間はお釈迦様が堕落してしまったと見なし、お釈迦様のもとを去ります。苦行で弱りきっていたお釈迦様のもとにひとりの娘がやってきました。スジャータという娘は、お釈迦様に乳粥を捧げました。お釈迦様の心身は、この乳粥（ちち）供養ですっかり回復したのです。

　ネーランジャラー河（尼連禅河）（に れん ぜん が）で沐浴し、身体も清まり、菩提樹のもとで瞑想修行に入りました。

現代の乳粥
キール

キールは、現代の乳粥でインドの伝統料理のひとつ。米を牛乳とカルダモンで粥状に炊き、砂糖やナッツ、レーズンなどを入れる。

〔〔　**成道のタイムライン**（じょう どう）　〕〕

悪魔の訪れ

さまざまな心の動きが生じ、悪魔の姿となってお釈迦様の修行を中断させようとするが、それに打ち勝つ（P27）。

↓

悟りを開く

「**宿命明**」（しゅくみょうみょう）　夜の前半。自分の過去の生涯を理解する。

「**天眼明**」（てんげんみょう）　夜の中盤。生死の連鎖は人の業により起こることを知る。

「**漏尽明**」（ろ じんみょう）　夜の終盤。煩悩を断じ尽くしたことを確信する。

↓

悟りを楽しむ

49日間（7日×7回）にわたり悟りの境地を楽しんだ。第5週目にニグローダ樹に移動し、真理を考察していると悪魔の娘がやってくるが、これらを退ける。

娘1	娘2	娘3
タンハー（愛執）	アラティ（不快）	ラガー（快楽）

第6週にムチャリンダ樹、第7週にラージャーヤタナ樹に移動して悟りを楽しむ。

降魔成道 ## 悪魔の誘惑に打ち勝ち、悟りを開いてブッダ誕生

瞑想に入ったお釈迦様には、悪魔（マーラ）がたえず忍び寄ります（降魔）。悪魔は瞑想を邪魔するべく、風や雨、岩や泥、暗闇などを現出させますが、お釈迦様は動じません。悪魔が円盤を投げつけても、お釈迦様の前で花に変わってしまいます。悪魔に前世での行いについて尋ねられたお釈迦様は、地の神に過去の行いが正しいものであったことを証明するよう要請。

地の神がお釈迦様の前世の善行が真実であったとし、大地を震動させると、悪魔は消え去り、お釈迦様はついに悟りを開いてブッダとなりました（成道）。お釈迦様が35歳のときでした。

数ある仏伝のなかには、お釈迦様は出家後、ずっと悪魔から誘惑され続けたとも。しかし、お釈迦様に悪魔がつけ入る隙は一切ありませんでした。

瞑想中の煩悩を表す悪魔の攻撃

心を乱し善行を妨げる悪魔は、古い道徳や人間の弱さの比喩とされます。

暗闇　雨　岩　刃　炎　風　泥　砂

地の神様を味方につける
悪魔に過去の行いについて問われたとき、お釈迦様は大地に右手を差し伸べ、地の神にそれが真実であることを承認させた（触地印）。

悪魔が武器である円盤を投げるが、途中で花に変わったという。

悟りを開いたお釈迦様は、49日間、場所を変えながら瞑想にふけっていました。その途中にも悪魔の誘惑があったと伝える仏伝もありますが、当然お釈迦様は悪魔を退けます。

瞑想にふけりながら、お釈迦様にひとつの懸念が生まれます。それは、自分が悟った真理を人々に伝えるべきか否かということ。お釈迦様は、自身の到達した真理の境地が、普通の人にはわからないと感じました。「真理は深淵で難解であり、欲にまみれた人々には理解できまい。伝えたところで疲労が残るだけだろう」と仏典は伝えています。そこに、バラモン教の最高神・ブラフマ神（梵天・P198）があらわれ、「尊い方よ、教えをお説きください」と強く勧めました（梵天勧請）。これによりお釈迦様は説法を決意しました。

最高神・梵天あらわる

お釈迦様が説法しないと世界が滅ぶという危機感から、民衆への説法を願い出ます。

インド最高の神が地に降りてきた

バラモン教の創造神が天界からお釈迦様のもとにやってきたというエピソードは、当時のバラモン教の失墜の表れとする説もある。

真理を語るつもりはなかった

普通の人に真理を悟らせるのは困難だと考え、教えを説かずにこの世を去ろうと思っていた。

教えをお説きください!

梵天

バラモン教の創造神ブラフマ神。現代のインドでも信仰される。

サールナートで初転法輪が行われた

真理を説く決意をしたお釈迦様は、苦行仲間に最初の説法をしました。

五比丘と数か月間ともに過ごす

5人はお釈迦様とともに生活し、托鉢(たくはつ)の食事を分けあい、雨季も定住してお釈迦様の教えを聞き、真理を悟ることができた。

コンダンニャ

バッディヤ

ヴァッパ

マハーナーマ

アッサジ

聖地となったサールナート

成道したブッダガヤーから300km離れたヴァーラーナシー郊外にあるサールナート(鹿野苑(ろくやおん))で初めて教えを説いた。現在は仏教の四大聖地のひとつで遺跡公園になっている。

初転法輪　仏と教えと仲間がそろい、仏教が成立した

　最初の説法の相手を誰にしようか思案したお釈迦様は、出家直後に師事したふたりの仙人を思い浮かべます(P25)。あのふたりなら理解してくれるだろうと思ったのですが、すでにこの世にはいませんでした。次に浮かんだのは、苦行をともにしていた5人の仲間(五比丘(ごびく))でした。

　久しぶりにあらわれたお釈迦様に対し、5人は軽蔑した態度をとりました。でも、その威厳に接するうちに尊崇の念を抱き、

説法が終わったときには、全員が弟子になることを懇願したと伝えられています。

　説法のことを、迷いを打ち砕く教えの輪を転がすという意味で転法輪。お釈迦様の初説法を初転法輪(しょてんぼうりん)と呼びます。

精神世界を征服
法輪

輪(チャクラ)は世界を征服する武器。教えの輪で精神世界を征服するので法輪と呼ぶ。

極端から離れて、とらわれない道を説いた

5人の修行仲間にお釈迦様が説いたのは、中道の教えでした。お釈迦様はふたつの極端から離れるように戒めます。ひとつは「欲望にふけること」ともうひとつは「自分で身体をいためつけること」。どちらもおろかなことだと退けます。

お釈迦様の悟りへの道がまさに中道の実践。享楽的な生活を送っていた出家前と苦行によって心身の欲をそぎ落とそうとした出家後。どちらも無意味であることをお釈迦様は経験として知っていました。

両極端から離れ、なにものにもとらわれることなく、ありのままを正しく見ることが中道であり、悟りに到る道なのです。

「中道」とは執着から離れること

中道とはふたつを足して2で割る意味ではなく、あらゆるものにかたよらない心。

中 道

苦にも楽にもかたよらず、極端を退けたうえで、執着から離れること。悟りに到達する正しい道。

楽

苦

お釈迦様は激しい苦行に6年もの時間を費やしている。

極端

出家以前、王子時代のお釈迦様の生活はまさに快楽そのものだった。

欲望や快楽にふけること。極端な快楽に執着してしまうこと。

自ら身体をいためつけるような苦を求め、苦行に執着すること。

4つの真実を知ることで悟りに到る

お釈迦様は4つの真実を経れば、苦しみから脱せられることを示しました。

 **苦諦（く たい）**　すべては苦であるという事実。老病死などの苦しみから逃れられないことを知る。

＼ 苦しみこそが 人生だ ／
四苦八苦
（P46）

 **集諦（じっ たい）**　苦の原因は煩悩であるという真実。「無明（む みょう）」に代表される心のけがれを知る。

＼ 苦しみが生じる 理由を解明 ／
十二支縁起（にゅう に し しえん ぎ）
（P52）

 滅諦（めっ たい）　苦の消滅が存在するという真実。無明が滅すれば涅槃（ね はん）という平穏な境地が広がる。

＼ 真実がわかると 涅槃に到る ／
三法印（さん ぼう いん）
（P58）

道諦（どう たい）　涅槃の原因は仏道修行という真実。煩悩を滅し、涅槃へ到る8つの修行法がある。

＼ 悟りを開くための 実践法 ／
八正道（はっ しょう どう）
（P65）

四聖諦

苦集滅道という4種の真実を伝えた

　四聖諦（し しょうたい）はお釈迦様が説いた重要な教えで4つの聖なる真実のこと。ここには仏教の基本が凝縮されています。

　「諦」は明らかにするという意味で、ありのままに理解すること。すべては苦しみである（苦諦）、苦しみには原因がある（集諦）、苦しみから解放された境地がある（滅諦）、苦しみの原因をとり除き、解放に到る道がある（道諦）。この4つをありのままに理解することで、平穏な心の境地に到ることができます（P47）。

> ### 五比丘は悟って 「阿羅漢（あ ら かん）」になった
>
> お釈迦様の説法を聞いて、5人の修行仲間（五比丘（ご びく））は、その後、順次悟りを得た。
> 彼らは悟ったものの、ブッダではなく、阿羅漢（供養を受けるべき人・P82）と称される。
> お釈迦様が神格化されるに従い、同格に扱うことがためらわれたようだ。

老若男女が教えを求め、お釈迦様の下に集う

人々のためにお釈迦様は布教を決意。その教えはさまざまな出家者や、旧来の慣習に縛られない商人階層に受け入れられ、信者が増加しました。

教団以前 裕福な商業都市の人々が続々信者に

五比丘に続いてお釈迦様の弟子となったのはベナレスの裕福な商家の息子ヤサ。

享楽的な生活にむなしさを感じていたヤサはお釈迦様に出会い、出家を決意。家出したヤサを探していた父もお釈迦様に帰依し、在家男性信者第一号になります。

ヤサの父がお釈迦様を自宅に招待し、説法をしてもらうと、ヤサの母は在家女性信者第1号、ヤサの妻は第2号に。結局、ヤサを含め55人が出家をしました。

ヤサと家族・友人の出家

仏教は商人階級にまで広まり、信者からの布施により、出家者は修行に専念できるように。

裕福な商人の息子ヤサとその家族から始まり友人までが次々とお釈迦様に帰依。出家者(比丘)は合計61名。在家信者の優婆塞(男性)と優婆夷(女性)も誕生し、出家者を支えた(P35)。

Step 3
優婆夷
1人目

Step 2
優婆塞
2人目
家出したヤサを探した際にお釈迦様と出会い、帰依。

母親　父親

実家にお釈迦様を招いた際にふたりが帰依。

優婆夷
2人目

Step 1
優婆塞
1人目
裕福な長者の息子。享楽に嫌気がさし家出をする。

妻　ヤサ

のちに出家
比丘
1人増

Step 5
ヤサの友人50人
比丘
50人増
噂を聞きつけた友人50人が出家。

Step 4
ヤサの友人4人
比丘
4人増
商人仲間の裕福な息子たちが出家。

神通力で他宗派の教団を飲み込み巨大教団に

かつて悟りを開いたウルヴェーラーの村に戻ってきたお釈迦様は、バラモン教の火の祭祀を司る行者・カッサパ三兄弟を帰依させることに成功。彼らには、神通力を発揮して感服させ、そのうえで法を説いて帰依を得たと伝えられています。

三兄弟のそれぞれの弟子たちも、仏教に帰依。一気に出家者1000人を超える大教団となりました。

これは、当地で圧倒的勢力だった既存のバラモン教に打ち勝ち、仏教が社会的に定着する象徴的な出来事でした。

カッサパ三兄弟の回心

異教徒の出家指導者と対峙し、帰依を得る。お釈迦様の布教への強い意志がうかがえます。

火を操るカッサパに、お釈迦様は神通力で対抗。異教の長と弟子たちが一斉に出家（ウルヴェーラーの神変）。仏教徒としての修行生活がスタート。

Step 1
長兄＆500人

ウルヴェーラー・カッサパ
ウルヴェーラー在住・兄カッサパと弟子500人が帰依。

500人の弟子

Step 2
次兄＆300人

ナディー・カッサパ
ネーランジャラー河のほとりに住む次兄と300人の弟子が帰依。

300人の弟子

Step 3
三男＆200人

ガヤー・カッサパ
次兄に続き、ガヤー市に住む三男と200人の弟子が帰依。

200人の弟子

舎利弗と目連も弟子を引き連れ入信

のちにお釈迦様の弟子の中で智慧第一といわれた舎利弗（しゃりほつ）と神通第一といわれた目連（もくれん）ももとは異教徒の出家者（**P37**）。サンジャヤという懐疑論者のもとで修行をしていたふたりは、五比丘のひとりアッサジと出会い、仏教への帰依を決意。250人の弟子を引き連れてお釈迦様のもとに参じました。

帰依＝仏教徒になる
帰依して正式な仏教徒になるには、ブッダとブッダの教えと出家者集団を敬い、従うことを宣言。戒律を守ることを誓う必要がある。仏教を拠りどころとして生きる覚悟が求められる。

新興国の王たちがお釈迦様に帰依・寄進

出家間もないお釈迦様と出会っていたマガダ国のビンビサーラ王は、悟りを開きブッダとなったお釈迦様が、マガダ国内にいると聞きつけ、会いに行きました。法話を聞いた王は、すぐにお釈迦様に帰依し、在家信者となります。すでに大所帯となっていた教団のために、広大な竹林と施設を寄進。これが仏教教団初めての僧院です。

当時のインドでマガダ国と並ぶ強国コーサラ国のジェータ王子も、お釈迦様に帰依。大商人スダッタとともに、広大な園林と僧院を寄進し、お釈迦様の教団を招いています。

王たちの支えで教団が展開

新興教団にとって、王たちからの土地寄進や経済的支援は大きな助けに。

ヒマラヤ山脈

3
スダッタ＆王子が 祇園精舎 を寄進
大商人スダッタが帰依。コーサラ国王子の園林を買収・寄進を試みる。王子も自ら寄進を申し出、両者連名での寄進となる。

シャーキャ国

2
帰郷し、一族が 次々と帰依
お釈迦様が生家であるカピラ城に戻ると、父王、妻、異母弟、息子、いとこなどの血縁者から臣下までもが次々と帰依した。

コーサラ国

ガンジス川

ヤサと家族・友人の回心
ヴァーラーナシー

ジャムナー川

1
ビンビサーラ王が 竹林精舎 を寄進
ビンビサーラ王はお釈迦様に再会。在家信者になり、マガダ国周辺で布教する際の基点となる竹林精舎を寄進した。

マガダ国

カッサパ三兄弟の回心
ウルヴェーラー

【仏教教団】

出家者・在家者の組織図

男性の出家者だけでなく、お釈迦様の養母と妻が女性として初めて出家をし、女性の出家者集団が誕生。王族や商人など在俗の信者も拡大し、おのずと出家者、信者の在り方が整備されていきました。

【 四衆のシステム 】

出家者の集団

比丘、比丘尼が集まりサンガ(僧伽=教団)をつくる。男女はそれぞれ独立した集団で運営。

比丘尼は比丘より教えを乞い、比丘を敬う「八敬法(はっきょうほう)」を守らないとならない。

比丘僧伽（びくそうぎゃ）

250の具足戒(ぐそくかい・P67)を受け出家した男性集団。比丘という呼び名はインドの他宗教でも用いられた。

→ 指導 →

比丘尼僧伽（びくにそうぎゃ）

348の具足戒を受けて出家した女性の集団。最初の比丘尼は、お釈迦様の養母マハー・プラジャーパティー(P23)。

沙弥（しゃみ）　見習いの比丘のこと。

沙弥尼（しゃみに）　見習いの比丘尼(正式な比丘尼になる前に式叉摩那[しきしゃまな]と呼ばれる期間がある)。

経済的支援

宗教的充足

在家信者が出家者の生活全般を支えた。出家者は在家信者にとって功徳の源と考えられた。

在家信者

優婆塞（うばそく）

男性の在家信者。三宝に帰依し、五戒(ごかい)を受ける(P66)。

優婆夷（うばい）

女性の在家信者。優婆塞同様、三宝に帰依し、五戒を受ける。

組織化はされていない。出家者への施し(布施)は推奨されたが、強制ではない。

出家者は男性に限られていたが、お釈迦様の縁者が出家したのを機に、比丘尼が誕生。四衆という仏教徒特有の組織が成立。

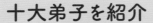

十大弟子を紹介

無数の弟子たちのなかでも、とくに秀でた能力をもつ
10人の弟子がいました。

持律第一

優波離
（ウパーリ）

元シャーキャ国の宮廷
理髪師。戒律に精通。
第一結集（けつじゅう・
P76）の際は律をそらん
じ（誦出・じゅしゅつ）、
編纂者にもなる。

元宮廷理髪師

説法第一

富楼那
（プンナ・マンタニープッタ）

ほかの弟子より説法に
優れていた。

密行第一

羅睺羅
（ラーフラ）

お釈迦様の息子（P23）。
9歳で出家し沙弥（しゃ
み）となる。細密な戒
まで守り密行第一と
称される。

息子

論議第一

大迦旃延
（マハーカッチャーナ）

来歴には諸説ある。説
法を理解し、議論する
ことで人に説いた。

弟子 王族、バラモン、商人、遊女から漁師まで

　お釈迦様が故郷に戻ったときには、父のスッドーダナ王をはじめとしてシャーキャ族から多くの人が帰依しました。さらには養母や妻、長男までが出家をしています。このようにお釈迦様は自身の身内や王族、バラモン（他宗教の宗教者）に法を説き、帰依させています。

　さらに当時、力をもち始めていた新興の商人、資産家たちも仏教に帰依。教団を経済的に支えました。

　旧来の身分制に反発を覚え、その基盤となるバラモン教にも当然否定的だった彼らは、身分差別の無意味さを説く仏教の平等性に共鳴したのでしょう。

　当時、女性や隷民は宗教者の教化の対象ではありませんでしたが、お釈迦様は遊女を始め、さまざまな人々に教えを説き、出家に導いています。

天眼第一
阿那律
（アヌルッダ）

従弟

従弟

阿難とともに出家したお釈迦様の従弟。居眠りから不眠の誓いを立て、失明。それにより真理が見えるようになった。

多聞第一
阿難
（アーナンダ）

お釈迦様の従弟。感覚器官を整えることに長け、出家後は、お釈迦様のそばで教えを数多く聞いた。

神通第一
目連
（モッガラーナ）

舎利弗の話を聞き、お釈迦様に帰依。神通力を使い舎利弗と並ぶ二大弟子。

智慧第一
舎利弗
（サーリプッタ）

ラージャガハで五比丘（ごびく）のひとりアッサジに出会い、お釈迦様に帰依。お釈迦様から一目置かれる存在。

解空第一
須菩提
（スブーティ）

「空」の教え（P92）をもっともよく理解していた。大乗仏教の経典に登場する。

頭陀第一
魔訶迦葉
（マハーカッサパ）

修行に専念する頭陀行に優れた。お釈迦様の入滅後には第一結集を主宰。教団を統率。

37

涅槃(ねはん)

全国津々浦々説法ツアー。キノコにあたり、最期を迎える

悟りを開いてからのお釈迦様は、説法行脚の毎日。80歳までその生活は続きました。人々を救うため、45年間歩き続けたのです。

説法 相手に合わせ、その悩みを解消する言葉を伝える

お釈迦様は性別や身分に関係なく誰にでも法を説きました。当時からインドの地に根深く存在する身分制度をお釈迦様は疑問視していました。生まれながらにしてその身分になるのではなく、行いによって身分を得るのだと戒めています。

教えをまったく覚えられない弟子には、ずっと掃除をさせ、世の無常を悟らせたというエピソードも。相手に合わせて教えを説くお釈迦様の説法スタイルは、医師が病気に応じて投薬治療をすることにたとえ、応病与薬(おうびょうよやく)と呼ばれています。

差別なく説法したお釈迦様

強固な身分制がある土地で人々を平等に扱った仏教は革新的でした。

貴賤より「先約」を優先

ヴェーサーリーに訪れたお釈迦様一行は、遊女アンババーリーが所有するマンゴー園で過ごした。遊女は、貴族より先に講話を聞き、お釈迦様を食事に招いた。貴族は「我らが先」と遊女を制したが、お釈迦様は先約を優先した。

【ヴァルナ】

古代インドで形成された社会階層の概念。バラモン教の聖典に説かれ、仏教はこの階層からの脱却を説いている。

バラモン
（司祭階層）

クシャトリヤ
（王族・武人階層）

ヴァイシャ
（庶民階層）

シュードラ
（上3位に奉仕する奴隷階層）

不可触民
（上記以外の身分）

彼女のほうが先ですよ

貴族　遊女

最後の説法 隠すことなく、すべての人に等しく真理を伝えた

　お釈迦様は70代後半になり、重篤な病に襲われます。一時的に回復したものの、死期が近いことを悟り、弟子のアーナンダ（阿難・P37）に最後の説法をしました。「私は真理をすべての人に説き明かした」とお釈迦様は言います。旧来の宗教者は、特定の弟子にのみ奥義を伝えることが一般的でしたが、お釈迦様はそれを「教師の握拳（あっけん）」として否定しました。「真理は万人のものとなったのだから、私が死んでも嘆いてはいけない。私の死後は自分自身と私の教えを拠りどころとして生きなさい。他人を頼らず、仏法に照らして自分自身が決断を下せ」と語りました。

自灯明法灯明

原典では島とあるのを、灯明と漢訳されたことで、自灯明法灯明（じとうみょうほうとうみょう）に。

法灯明

法を島とし、法を拠りどころとして、ほかのものを拠りどころにするな

自灯明

自らを島とし、自らを頼りとして、ほかのものを頼りとせず

変わらぬ真理

法（仏の教え）は輪廻の大海を渡る拠りどころ。ときにいかだにもたとえられる。修行者は教えによって悟りの世界に到達する。

輪廻の大海

悟りの世界（彼岸（ひがん））を、迷いの世界（此岸（しがん））を隔てている大海。自己と法を頼りにこの海を渡るのが仏教の目標。

法

自他に厳しすぎた反逆の仏弟子・デーヴァダッタ

お釈迦様の従弟で、帰郷（P36）の際に出家したが、教団では異端児。戒の厳守を求め、教団後継者に名乗り出たものの、お釈迦様に拒まれ、反目行為をくり返すようになった。
自他に厳しすぎるところが災いしたのか、お釈迦様殺害を企てた際の毒が、自分にまわり死んでしまう。

無間地獄（むげんじごく・P169）におちたとされる。

お釈迦様の涅槃

お釈迦様の死は、肉体の苦しみからも
解放された完全な悟りとされます。

**北枕の
習慣の起源**

２本のサーラ樹（沙羅双樹）
のあいだに、北を頭に右手
を枕にして横たわった（頭北
面西右脇臥（ずほくめんさい
うきょうが））。北枕の習慣は
ここから生まれた。

**アーナンダに
最後まで声かけ**

嘆き悲しむアーナンダにお
釈迦様は「私の死後は、私の
説いた教えと、定めた戒律
を大切に」と声をかけた。

チュンダの供養 ## 死の引き金の料理を「功徳がある」と称えた

　旅の途中、お釈迦様は、鍛冶工の子チュ
ンダに説法を頼まれます。当時、鍛冶工
は身分の低い職業とされていましたが、
お釈迦様は差別せずに教えを説きました。

　チュンダはそのときキノコ料理（一説
には豚肉料理とも）をふるまいます。

　それを食べた後にお釈迦様は食中毒に
なり、激しい下痢と痛みに襲われました。
死期が間近に迫ったことを悟ったお釈迦
様は、苦痛のなかで、チュンダが後悔し
たり、責められたりしないかを案じ、「あ
なたの最後の食事で、完全な悟りの境地
に行ける。この料理は功徳がある」とアー
ナンダからチュンダに伝えさせました。

サーラ樹が開花

寒い時期にもかかわらず、サーラ樹の花が開き、天からさまざまな花びらが舞い散ったとか。以来、サーラ樹は聖木となる。

涅槃図に猫がいない

涅槃図にはさまざまな生きものが描かれているが、猫がいないものが多い。ねずみがお釈迦様の使いとなり薬袋をとりに行くのを邪魔したからなどの説も。十二支に猫が入らない理由のひとつとされる。

最期 80歳、2本のサーラ樹の下で大いなる死を迎えた

　お釈迦様の死を目前にし、嘆き悲しむアーナンダに、お釈迦様は「すべて生まれてきたものは、必ず滅する。長いあいだ、お前はとてもよく仕えてくれた」と無常について説き、感謝の言葉を述べます。

　クシナガラを最期の場所と決めたお釈迦様は「私は疲れた、横になりたい」と2本のサーラ樹のあいだに横たわりました。この2本を沙羅双樹といいます。

　そして、「すべての事象は過ぎ去っていく。怠らずに修行を完成せよ」と弟子たちを戒めました。

　それから深い瞑想に入り完全な涅槃に到り、80年の生涯を閉じました。

袈裟
けさ

捨てられたボロ布を
縫い合わせたものだった

「袈裟」は本来出家修行者が身につけている衣類（衲衣）のこと。袈裟には規則があり、僧伽梨（コート）、鬱多羅僧（上着）、安陀会（下着）の3種類の衣類（三衣）があります。これ以外に修行者は托鉢用の鉢の所有が認められていました。三衣は、いずれも捨てられたボロ布をつなげて1枚布にしたもの。これをまとうことで、ほかの宗教の修行者と見分けられます。ボロ布はくすみ濁った色（壊色）をしていて、この色を梵語で「カシャーヤ」。その音写が「袈裟」です。

仏教が広まるにつれ、
シンボル化していった

仏教が北方に伝播していくと（P80）、寒い地域では1枚布だけで過ごすことは困難。そこで衣類を着た上に袈裟をまとうようになりました（現代でもタイやミャンマーの上座部仏教の僧侶は1枚布を着ています）。

その結果、袈裟はシンボル化していきました。日本の僧侶が法衣（着物）の上に袈裟をつけているのは、こうした流れによるものです。

僧侶のつける袈裟には、さまざまなサイズがあり、宗派ごとにデザインが異なります。

よく見るとどれも数枚の布を縫い合わせたデザインになっています。これは、ボロ布を縫い合わせた三衣の名残です。

如法衣
にょほうえ

七条袈裟のひとつ。仏の法に従う（如法）という意味。壊色の如法衣はお釈迦様の時代の三衣にそった正しいものとして大切にされてきた。

Part 2

みんなの迷い、
苦しみを仏教で解決

教えの基本

仏教の信者だと
認められる条件は?

仏教の信者の基本的な条件は三宝に帰依するということ。これは
万国共通です。三宝とは、仏・法・僧。仏教に不可欠な三要素です。

仏教徒の宝 仏・法・僧を敬わない者は信者にあらず

仏・法・僧は、仏教で3つの宝（三宝）として敬われます。この宝を拠りどころとして生きるのが仏教徒です。

仏宝とはブッダのこと。悟りを開いたブッダが存在すると信じることが大事です。次に法宝とはお釈迦様が説いた教え

のこと。この教えに基づき生活し、修行をします。そして、僧宝とは個々人の僧侶ではなく、サンガ（僧伽）、つまり出家者の集団のこと。

仏と法があっても、実践し、伝える存在がいなければ、宝は残っていきません。

3つのお宝
「三宝」を大事にする

聖徳太子の十七条憲法の「あつく三宝を敬え（P113）」はこの仏・法・僧こと。

お宝 No.1

仏の存在を信じる

生きているかいないかということではなく、仏とは無知を智慧の力で打ち破り、法を伝えることで生きとし生けるものを救済する存在だと信じる。

大乗仏教でのブッダは複数

初期仏教では過去七仏（P88）を説く。大乗仏教では同時代に複数の仏（P89）を認めるのが特徴。

仏
ぶつ

悟りを開いた存在への信頼

仏とは悟った者のこと。仏教はお釈迦様を信じ、帰依することが重要。それにより法（教え）がリアルになる。また仏は教団の拠りどころでもある。

〖 **お釈迦様が説いたこの世の理** 〗

お宝 No.2

法
ほう

お釈迦様の説いた 普遍的な教え

法とは、お釈迦様が説いた教法のこと。八万四千もの教えがあるとされ、苦しみをなくすための教法を指す。仏教徒はこの教法を前提とし世界を理解し、生活をくみ立てる。

四苦八苦　⇒P46
しく はっく

人間の根源的な8つの苦しみ。

四聖諦　⇒P47
し しょう たい

苦しみから抜け出すための4つ真実。

縁起　⇒P50
えん ぎ

あらゆるものは原因に縁って起こるという思想。

三法印・四法印　⇒P58
さん ぽう いん　し ほう いん

• **諸行無常**　すべては移ろい消滅する。
しょ ぎょう む じょう
• **諸法無我**　どこにも確固たるものはない。
しょ ほう む が
• **一切皆苦**　無常であることが苦しみ。
いっ さい かい く
• **涅槃寂静**　煩悩を断つことで悟りに到達。
ね はん じゃく じょう

八正道　⇒P65
はっ しょう どう

悟りを得るための具体的な8つ修行項目

お宝 No.3

僧
そう

集団により教えを 伝える機能をもつ

僧とは僧伽（**P35**・サンガ）。4人以上の出家者による集団を指す。組織化されていることで、お釈迦様亡き後もその教えを学び、また後世に広く伝えることができる。

サンガ
4人以上の比丘または比丘尼の集団。

律

律（**P67**）という独自の規則を守ることによって成立。

45

迷いや苦しみが尽きないのはなぜ？

どうして人は悩み、苦しむのかがお釈迦様の出発点でした。
生をありのままに見、生きること自体が苦しみという認識に到りました。

苦の正体 仏教は「人生は苦しみである」から始まる

仏教の苦とは、思うがままにならないこと。私たちは思いどおりに生きることができません。生まれ、老い、病気になり、死を迎える運命にあります。また私たちは時代・場所・親を選んで生まれてくるのでもなく、若く健康でありたいと願っても、必ず死にます。徹底した生への達観から仏教は始まります。

8つの苦しみ「<ruby>四<rt>し</rt></ruby><ruby>苦<rt>く</rt></ruby><ruby>八<rt>はっ</rt></ruby><ruby>苦<rt>く</rt></ruby>」

人間の根源的な四苦に、社会的存在として
不可避の4つの苦を合わせて八苦。

<ruby>一<rt>いっ</rt></ruby><ruby>切<rt>さい</rt></ruby><ruby>皆<rt>かい</rt></ruby><ruby>苦<rt>く</rt></ruby>

無常の苦。人が変化する生命体である限り苦しみを逃れることはできない。

❺ <ruby>愛<rt>あい</rt></ruby><ruby>別<rt>べつ</rt></ruby><ruby>離<rt>り</rt></ruby><ruby>苦<rt>く</rt></ruby>

愛する人と別れる苦しみ。愛による喜びが、別れの苦しみを増幅させる原因になる。

❶ <ruby>生<rt>しょう</rt></ruby>

産道を通るときの苦しみ。生まれてきたこと、生きることそのものの苦しみ。

❷ <ruby>老<rt>ろう</rt></ruby>

時間とともに老いていくこと。誰もが避けられない肉体や精神の老化。

根源的な苦

❻ <ruby>怨<rt>おん</rt></ruby><ruby>憎<rt>ぞう</rt></ruby><ruby>会<rt>え</rt></ruby><ruby>苦<rt>く</rt></ruby>

うらみや憎しみを感じる人と出会うこと。激しい憎悪は他人だけではなく自分も苦しめる。

❸ <ruby>病<rt>びょう</rt></ruby>

病におかされる苦しみ。病によってもたらされる肉体的、精神的苦痛。

❹ <ruby>死<rt>し</rt></ruby>

いずれ必ず死が訪れるという悩み。死ぬときの恐怖や苦痛。

❼ <ruby>求<rt>く</rt></ruby><ruby>不<rt>ふ</rt></ruby><ruby>得<rt>とく</rt></ruby><ruby>苦<rt>く</rt></ruby>

求めても思いどおりに得られない苦しみ。たとえば地位や財産などを強く希求しても得られないと苦しむことになる。

❽ <ruby>五<rt>ご</rt></ruby><ruby>蘊<rt>うん</rt></ruby><ruby>盛<rt>じょう</rt></ruby><ruby>苦<rt>く</rt></ruby>

自己のすべては苦であること。生き物を構成している肉体・感覚の5つの要素（五蘊／五陰・P62）自体が、苦しみをつくり出している。

4つの真実「四聖諦」

苦、苦の原因、悟り、悟りへの道という
4つの真実。この実践により涅槃が訪れる。

お釈迦様は悟りの実体験にもとづき、苦しみ
がうまれるメカニズムと、それが消滅した涅
槃の境地、さらにはそこに到るプロセスを人々
にわかるように言語化した。

悟り

JUMP

ピッ ピッ

煩悩のない世界に行く修行がある

涅槃の境地（滅諦）とい
う理想的な世界に到達
するためには、正しい
修行（道諦）が必要とな
る。

道諦

涅槃の境地に到る
道（修行の方法）が
あるという真実。

悟りの世界の
因果関係

STEP

滅諦

煩悩を滅し、苦し
みが消え去った"涅
槃"という境地が
あるという真実。

HOP

迷いの世界の
因果関係

集諦

苦は煩悩により生じる
という真実。渇愛など
と呼ばれる煩悩が苦を
生起させる原因となる。

苦しみは煩悩から生じる

苦しみ（苦諦）は煩悩（集
諦）から生まれる。誰も
が体験する「苦しみが
生まれる真実」を明ら
かにしている。

苦諦

人生はなにひとつ
思いどおりになら
ない苦だという真実。

迷いの世界に生まれ変わるのが古代インドの常識

古代インドでは、生きとし生けるものは、生まれ変わり死に変わりを延々と続けると考えられていました。これを輪廻転生といいます。

人間として生きてきた者が、次に再び人間に生まれ変わるとは限りません。犬かもしれませんし、虫かもしれません。次の生を決めるのは、この世での行為。善業と悪業の量によって神様に生まれもするし、地獄におちもするのです。

ただし、神様に生まれても、生老病死からは逃れられません。なにに生まれても、迷い、苦しむことに変わりはないのです。お釈迦様は輪廻転生自体が苦だと考えました。仏教は、輪廻転生を前提としながら、それを超越する道を示すものです。

輪廻で巡る迷いの世界

輪廻で巡る世界は、仏教では三界や六道に分類されています。

三界

無色界
物質的なものはない、精神だけの世界。

色界
物質的なものはあるが欲望を超えた世界。

欲界
物質的なものと欲望が支配する世界。

六道（六趣）

天道
前世で善業を多く積んだ者が住む天人の世界。

人間道
前世の善業により生まれ変わった人間のすむ世界。

修羅道
前世で戦いを好み、猜疑心に満ちた者がおちる怒りの世界。

畜生道
前世の罪業でむさぼりあった者が転生する虫や動物の世界。

餓鬼道
前世に欲望の赴くままに行動したものがおちる餓鬼の世界。

地獄道
前世に大きな罪をおかした者がおちる罪人の世界。

妄執を断ち切り輪廻から解脱へ

生と死をくり返す妄執の世界が輪廻です。
仏教は輪廻を断ち切り解脱する方法を説きます。

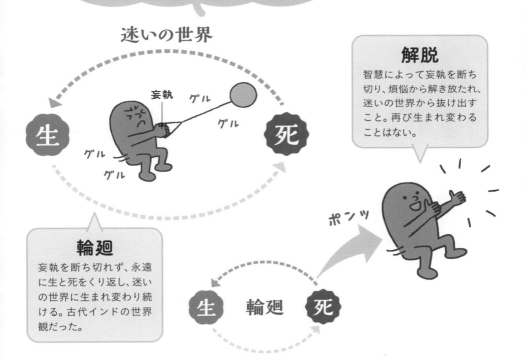

迷いの世界

妄執　グル

生　　死

グル

グル

解脱
智慧によって妄執を断ち切り、煩悩から解き放たれ、迷いの世界から抜け出すこと。再び生まれ変わることはない。

輪廻
妄執を断ち切れず、永遠に生と死をくり返し、迷いの世界に生まれ変わり続ける。古代インドの世界観だった。

ポンッ

生　　輪廻　　死

解脱　苦を滅し二度と生まれ変わらない「解脱」を目指す

お釈迦様は、修行し、悟りを得ることで輪廻から抜け出せると説きます。なぜなら、煩悩である妄執が私たちを輪廻の世界に留まらせているからです。

苦しみの原因を知ろうともせず、移り変わるあらゆるものに執着の心をもってしまうのが、迷いの世界の私たち。

修行により智慧を身につければ、苦しみの原因を知り、真理に目覚め、煩悩が消えてなくなります。迷いは晴れ、妄執を滅した私たちは、二度と生まれ変わることはありません。お釈迦様は執着が消滅すれば「再び迷いの生存に戻ることがない」と残しています。

当時のインドの修行者の目的のひとつは、輪廻転生を断ち切ること。それに対して明確な解脱手順を示した仏教は新鮮だったのです。

「縁起」と「業」の関係

この世のあらゆるものは、原因と結果で成り立っています。
それが縁起。私たちの行為もそのなかにあります。

縁 (えん)

原因を助け果を生じ
させる間接的な条件。

種をまく！

原因

因 (いん)

業により始まる直接
的な原因。因のなか
に果が含まれている。

業 (ごう)

行為・行動。原因とな
り結果を生じさせる。
カルマという。

【 業の性質 】

因果応報の世界

善
よい行為。必ず楽しい結果を
生む（善因楽果）。

悪
悪い行為。必ず苦しい結果を
生む（悪因苦果）。

無記 (むき)
行住坐臥（歩く、座ると
いった日常行為）などの、
善悪とは関係のない行為。

十善業道 (じゅうぜんごうどう)

不殺生 (ふせっしょう)	生物の命を奪わない。
不偸盗 (ふちゅうとう)	他人の財産を盗まない。
不邪淫 (ふじゃいん)	乱れた性生活をしない。
不妄語 (ふもうご)	言葉で惑わさない。
不綺語 (ふきご)	言葉を飾り立てない。
不悪口 (ふあっく)	悪口で他人を苦しめない。
不両舌 (ふりょうぜつ)	争いを招くことを言わない。
不貪欲 (ふどんよく)	要求しすぎない。
不瞋恚 (ふしんに)	イライラせず怒らない。
不邪見 (ふじゃけん)	因果の理に逆らわない。

十悪業道 (じゅうあくごうどう)

殺生 (せっしょう)	生物の命を奪う。
偸盗 (ちゅうとう)	他人の財産を盗む。
邪淫 (じゃいん)	乱れた性生活をする。
妄語 (もうご)	言葉で他人を惑わす。
綺語 (きご)	言葉を飾り立てる。
悪口 (あっく)	悪口で他人を苦しめる。
両舌 (りょうぜつ)	争いを招くことを言う。
貪欲 (どんよく)	過剰な要求をする。
瞋恚 (しんに)	イライラし怒る。
邪見 (じゃけん)	因果の理に逆らう。

⇒ ## 有漏の業 (うろ)

煩悩とセットに
なった業がある

煩悩をともなう行為を有
漏の業、ともなわない行
為を無漏の業という。煩
悩とセットになった業は
必ず結果を生じさせる。
輪廻から抜け出せなけれ
ば、解脱は遠い。

光、空気、水……さまざまな条件が加わる。

実がなった！

縁起の原理

結果

果
か

原因から生じる結果。
果報（異熟）ともいう。

【 業の種類（三業） 】

身
しん
身業。身体の活動。

口
く
口業（語業）。言語の活動。

意
い
意業。精神の活動。

種まきするよ！

野菜を育てるぞ！

意

身

世界は関係によって生じている

仏教ではあらゆる結果（果）が原因（因）・条件（縁）によって生じると考える。このときに因となり、果を生じさせる行為・行動を「業」と呼ぶ。

三業　行為には身体・言語・意思の三種がある

　この世の存在や現象は、なんらかの因と縁によって生じ、原因なく成り立つものはないというのが縁起の考え方。お釈迦様は「これがあるときそれがあり、これが生じるときそれが生じる、これがないときそれがなく、これが滅するときそれが滅する」と説きます。生まれることにも、滅することにも必ず原因があるのです。

　その原因となる行為、行動を業と呼びます。仏教は業を３種にわけます。身体による行動である身業。言葉による行動

である口業。なにかをしようという意思である意業。私たちのひとつひとつの行為もすべて三業にあてはまります。業には有漏・無漏の二種あり、煩悩によりつくられたものが有漏、煩悩を滅するためのものが無漏。有漏の業があるうちは輪廻から解脱はできません。

　善い業（因）があれば、善い果が生まれ、悪い業（因）があれば悪い果が生まれるのが、因果応報。業の結果を自分で引き受けることを自業自得と呼びます。

迷いや苦しみは
どこからやってくるの？

縁起の法によって苦しみの原因を突き止めたお釈迦様。
原因を断つことで、苦しみから完全に解放されると説きました。

煩悩が苦しみを生む
「十二支縁起」

苦しみが発生するメカニズムを
12の要素に分類したもの。

5

六処

六入とも。眼（視覚）・耳（聴覚）・鼻（嗅覚）・舌（味覚）・身（触覚）・意（意識）という6つの感覚器官。

6

触

6つの感覚器官が外界の対象に触れること。

4

名色

名は精神的な働き。色は物質的な存在。認識作用の拠りどころである精神と身体のこと。

**現在の
結果**

3

識

行によってつくられる認識作用。具体的には意思によって感覚器官（六処）から情報が入ることで生じる。

十二

未来

2

行

日々の行為の土台である意思。さまざまな意志が行為を生み出し、認識（識）をつくり出す。未来を方向づけていく能動的な形成力。

1

無明

真実を知らないこと。たんに知識がないということではなく、根源的な無知。人が本来もっている煩悩、生存本能でもある。

**過去の
原因**

十二支縁起 根源的な苦しみが生み出されるメカニズム

お釈迦様は悟りを開き、縁起の法を体得しました。この世のあらゆるものは因果関係のなかにあります。それならば苦しみにも原因があるはず。その原因を滅することができれば、苦しみも消滅するとお釈迦様は悟りました。

この縁起を具体的に説明したものが十二支縁起。現実に生きる私たちにとって不可避かつ最大の苦は老いと死。この老死の苦しみの原因をお釈迦様が観察すると、真実を知らない根源的な無知＝無明に行きつきます。無明ゆえに、若さや生存への執着が生じ、老死が受け入れがたい苦しみとなるのです。

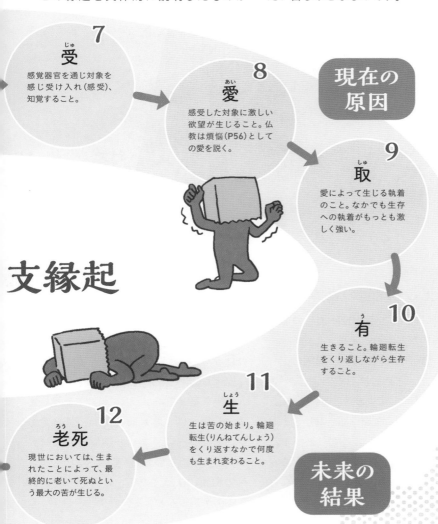

7
受 (じゅ)
感覚器官を通じ対象を感じ受け入れ（感受）、知覚すること。

8
愛 (あい)
感受した対象に激しい欲望が生じること。仏教は煩悩（P56）としての愛を説く。

現在の原因

9
取 (しゅ)
愛によって生じる執着のこと。なかでも生存への執着がもっとも激しく強い。

支縁起

10
有 (う)
生きること。輪廻転生をくり返しながら生存すること。

11
生 (しょう)
生は苦の始まり。輪廻転生（りんねてんしょう）をくり返すなかで何度も生まれ変わること。

12
老死 (ろう し)
現世においては、生まれたことによって、最終的に老いて死ぬという最大の苦が生じる。

未来の結果

「智慧」と「無明」の世界観の違い

自由をもたらす智慧と、苦しみを生み出す無明。
無明により苦が生じ、智慧により煩悩は滅します。

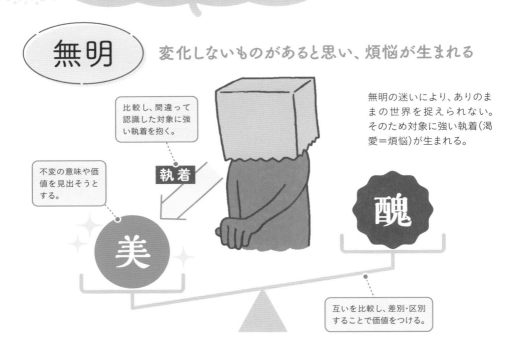

無明 変化しないものがあると思い、煩悩が生まれる

無明の迷いにより、ありのままの世界を捉えられない。そのため対象に強い執着（渇愛＝煩悩）が生まれる。

比較し、間違って認識した対象に強い執着を抱く。

執着

不変の意味や価値を見出そうとする。

美

醜

互いを比較し、差別・区別することで価値をつける。

無明 正しく縁起の世界を見ることができない

　お釈迦様は、苦しみを生み出すおおもととなるものが無明だと説きます。

　無明を「根源的な無知」と説明しました（P52）が、さらに詳しくいえば、「世界のすべてが縁起によって生成と消滅をくり返している」ことを「知らない、もしくは知ろうともしない」無知のことです。

　仏教の基本である縁起的世界観がわからない、知っていても受け入れられなければ、苦しみが消えることはありません。

　たとえば「私」は、いつも変わらないと考える人は多いでしょう。しかし、肉体的には赤ちゃんから老人になるまで「私」は変化し続け、また精神的にもさまざまな人や出来事とのかかわりによって変化します。一瞬一瞬、体も心も変わっていくのに「私」は不変であると誤解し、絶対的な「私」に固執します。変わらない「私」への固執によって「私」の老いや死という変化が苦しみとなるのです。

智慧

変化し続ける世界だとわかると煩悩は生まれない

世界は、「これ」と「それ」の因果関係により成立する。因果のなかでものごとが変化し続けることがわかると、対象への執着は生まれない。

これがあるとき
それがあり、
これが生じるとき
それが生じる。
これがないとき
それがなく、
これが滅するとき
それが滅する。

つねに生じては滅している。

縁起的世界

関係性のなかで意味も価値も変化する。

「私」に限らず、なにかを不変で絶対的なものだと執着すると、苦しみが生まれます。一方、縁起の世界を見ることができれば、すべては因果関係にもとづき変化し続けていることがわかり、変わらないなにかに固執する無意味さに気づけます。

ただし、人は縁起を頭で理解できても、執着してしまう生きものです。「わかっちゃいるけど、やめられない」だからこそ、継続的修行が必要になるのです。

「縁起」という世界の見方が他宗教との最大の違い

仏教では、あらゆるものは因縁により生じるという縁起的世界観が大前提。
ほかの宗教のように、絶対的な存在や創造主が、ものごとを生み出したといった世界観ではない。きわめて合理的で科学的な世界観だといえる。

さまざまな煩悩

煩悩は悟りに向かううえでの大きな障害。
だからこそ仏教は煩悩を徹底的に解剖します。

生きたい！

有愛（う　あい）
生存欲求。来世により
よく生まれ変わりたい
という欲求も含む。

**もっと
欲しい！**

欲愛（よく　あい）
ものや人、行為などに
対する日常的な欲求の
こと。

渇愛（かつ　あい）

渇きを覚えたものが激しく
水を求めるような渇望。渇
愛によって執着が生じて、苦
しみが生まれる（P53）。3つ
に分類できる。

無有愛（む　う　あい）
有愛の逆で、生存に意
義を見出さない、生存
を断ちたいと想う欲求。

死にたい！

**汚れが
漏れ出る！**

漏（ろ）

煩悩を心のなかの汚れと考
え、その汚れが外に漏れ出
るという意味で「漏」という。

有漏（う　ろ）
心のなかに煩悩があ
り、それが心の汚れ
となって外に漏れ出
ること。

無漏（む　ろ）
漏れ出るような汚れ
がない状態。煩悩を
増大させない心、煩
悩を滅ぼすように働
きかける心。

煩悩　身も心も惑わせる煩悩を抑える生き方を目指す

　私たちは無明をもつがゆえに、心に迷
いが生じます。

　無明を始めとしたけがれた心の働きが
煩悩。お釈迦様は、煩悩を「垢（あか）」といっ
たりもしています。

　仏教は心を清浄にすることを目的とし、
その対象である煩悩はこまかく分類され
ています。

　もっとも代表的な分類は貪（むさぼり）、
瞋（いかり）、痴（おろかさ）の三毒です。

お釈迦様は「貪りと怒りと迷妄とが己に生
じると悪心ある人を害する」と語っていま
す。

　三毒は自分自身から生じ、自分自身を
害する厄介な毒です。それは鉄から出た
サビが、鉄そのものをダメにするようなも
のです。煩悩によって人は苦しみ、輪廻
をくり返します。

　煩悩を断つことにより、苦しまず、自由
な生き方が送れるようになるのです。

三毒（さんどく）

1 貪（とん）
貪欲（とんよく）

むさぼりの心。執着によって生まれた「もっと欲しい」とむさぼるように求めること。

2 瞋（しん）
瞋恚（しんに）

怒りの心。自分が気に入らないことを嫌悪し、イライラし、怒ること。

3 痴（ち）
愚痴（ぐち）

おろかな心。ものごとを正しく見ることができず、迷妄してしまうこと。

もっとも根源的な3つの煩悩を、心を害する毒にたとえている。

五蓋（ごがい）

5つの蓋いという意味で、心を覆い、精神的集中を妨げ、悟りに到る道を塞いでしまう煩悩。

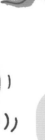

3 惛沈睡眠蓋（こんじんすいめんがい）
……、やりたくない。

やる気がわかない、無気力な心。

2 瞋恚蓋（しんにがい）
イライラ、ムカッ！

嫌悪し、いらだち、怒りに支配された心。

4 掉挙悪作蓋（じょうこおさがい）
ソワソワ、ソワソワ

注意集中力が欠如し、また後悔した心。

1 貪欲蓋（とんよくがい）
したい！欲しい！

欲望にまみれた、むさぼりの心。

5 疑蓋（ぎがい）
えー、ほんとかな？

仏教に対して疑い、躊躇する心。

迷い、苦しみから
逃れるにはどうしたらいい？

お釈迦様は、迷い、苦しみから私たちを解放する教えを説きました。
苦を把握し、解放への道を歩む方法が三法印です。

三法印

「永遠なんてどこにもない」が
仏教の世界観

お釈迦様が、最期に弟子たちにのこした言葉「すべての事象は過ぎ去っていく」が表すように、仏教の特色は永遠不変なものを認めないこと。この世界観を理解することで、苦しみから解放される道が見えてきます。

諸行無常

すべての存在が
無常だと認識する

諸行の「行」はつくられたものを代表する言葉で、縁起によって生じる現象・存在を指します。いろは歌にもよまれるように、「諸々のつくられたものは無常である。生じては滅びる性質のものである」という教えです。物質も、私たちの肉体や精神も、すべてのものが永遠ではなく、刻々と移り変わり、滅していきます。

私たちは諸行無常の現実から目を背け、老病死を遠ざけたいと願います。これが無明。すべてが移ろい変わるのですから、執着や貪欲の心は無意味です。

【 三法印と四法印 】

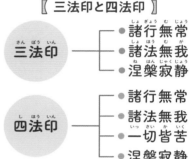

三法印（さんぼういん）
- ●諸行無常（しょぎょうむじょう）
- ●諸法無我（しょほうむが）
- ●涅槃寂静（ねはんじゃくじょう）

四法印（しほういん）
- ●諸行無常
- ●諸法無我
- ●一切皆苦（いっさいかいく）
- ●涅槃寂静

【 『大般涅槃経（だいはつねはんぎょう）』といろは歌 】

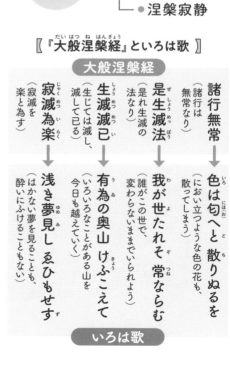

大般涅槃経

諸行無常（諸行は無常なり）→ 色は匂へと散りぬるを（におい立つような色の花も、散ってしまう）

是生滅法（是れ生滅の法なり）→ 我が世たれそ常ならむ（誰がこの世で、変わらないままでいられよう）

生滅滅已（生じては滅し、滅して已る）→ 有為の奥山けふこえて（いろいろなことがある山を今日も越えていく）

寂滅為楽（寂滅を楽と為す）→ 浅き夢見しゑひもせす（はかない夢を見ることも、酔いにふけることもない）

いろは歌

58

諸法無我 # すべての存在には変わらぬ本体はない

諸法の法は「存在」という意味。無我とは恒常不変の自己はないこと、そして、すべての存在は私のものでないことを示します。あらゆる存在は変化し続ける無常のもので、その変化をコントロールすることはできません。自己も無常であり、「私の自由になるもの」は存在しません。

また「なにからも独立した私」もありません。永遠不変の本体はどこにもないと仏教は説きます。すべてのものは生成・消滅をくり返し、不変の本体はどこにもありません。

無我と無常と苦はセットで説かれ、諸法無我は諸行無常と密接不離の教えです。

【 我＝「私」と見ると…… 】

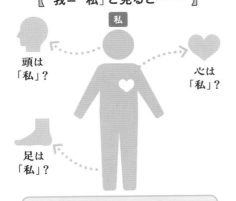

「私」は存在しない

「私」は体と心の集合体。では、頭だけ、足だけ、心だけ、部分的にとり出して見たとき、それぞれを果たして「私」といえるだろうか？

【 我＝「私のもの」と見ると…… 】

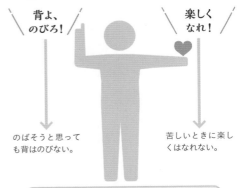

のばそうと思っても背はのびない。

苦しいときに楽しくはなれない。

「私のもの」は存在しない

自分の思いどおりになるものを、人は「私のもの」だと考える。しかし体は、心は、本当に自分の意のままにできるものだろうか？

一切皆苦 # 無常で移ろうものはすべて苦

この世のあらゆる形成されたものは苦であるという教えが一切皆苦。四聖諦（P47）の苦諦（くたい）に相当します。四苦八苦（しくはっく）にまとめられるものですが、端的にいえば、人間の存在そのものが苦（思いどおりにならないこと）なのです。

なぜ苦なのかといえば、すべては自分の意思ではなく、縁起にもとづく無常なものだから。それなのに私たちは不変なものを求め、実体あるものを妄想し、執着を捨てられません。そこに苦が生まれます。

私たちには生存本能があり、基本的に死にたくないと願って生きています。しかし、生きることはすなわち死に向かう一方通行。絶対的な矛盾としての苦を抱えて生きる存在なのです。

仏教の根本となる四法印（しほういん）

印は旗印の意味。仏教の特徴を端的にまとめたもの。
お釈迦様の教えの要点を示します。

諸行無常

すべては移ろい変化し続ける

この世のあらゆるものは、刻々と移ろいゆき、同じ
形に留まることがなく、永遠不滅のものはない。

諸法無我

確固たるものはどこにもない

あらゆる現象に実体はなく、自分自身
にも実体がない。私や私のものはどこ
にも存在しない。

一切皆苦

無常を受け入れられない苦しみ

すべてのものは変化し続けるが、
それをコントロールすることは
できない。それでもどうにかした
いと思うことで、苦しみが生じる。

智慧（ちえ）のない無明（むみょう）の世界
では、欲望の火が燃え
盛っている。心はつね
になにかにとらわれ、執
着が生じ、迷い苦しむ。

涅槃寂静 一切の苦が消滅し、本当の楽を得た状態

涅槃とは消滅を意味するニルヴァーナを音写したもので、煩悩の灯火が吹き消された状態を表す言葉です。煩悩が滅せられ、心が波立たず、平安な状態を寂静といいます。

涅槃寂静とは悟りの境地を表し、四聖諦の滅諦にあたります。

この世が一切皆苦であることを正確に認識し、世界は縁起によって成り立ち、諸行無常であり、諸法無我であることを理解できれば、無明は消え去ります。

無明が滅せられれば、縁起の法則に従って苦しみも消滅。それが悟りの境地であり、大いなる自由です。

私たち自身にあてはめてみれば、縁起により生きとし生けるものは生成・消滅をくり返すのだから、私の老病死は必然・不可避であることを悟ること。その悟りが得られれば、老病死に直面してもそれは苦ではなくなるのです。

涅槃寂静

煩悩の火が吹き消された

心のなかの煩悩の火が吹き消され、一切の苦が消滅した状態。悟りの境地に到達。

仏道修行によって智慧を得て、諸行無常、諸法無我、一切皆苦を正しく観察することで、煩悩は消え、悟りの境地に達することができる。

無我 **構成要素に分解しても我（アートマン）は見つからない**

インドで隆盛を誇っていた「ウパニシャッド哲学」は、自己には我（アートマン）と呼ばれる永久不滅の本質があると考えました。

アートマンが、宇宙を統一する原理であるブラフマン（梵）とひとつになること（梵我一如・P84）で、解脱が可能になると考えます。

仏教はそのような不変の自己本質を認めません。人間は五蘊が仮に集合して存在しているに過ぎないのです。

私たちは「私」という主体が肉体や意思をもつと考えます。しかし、仏教では肉体、感受、イメージ、意思、認識があるだけで、それらの主体を認めません。それらが集合して「私」という存在が仮に生じていると考えます。「私」はつねに仮の存在で、変化し続けます。

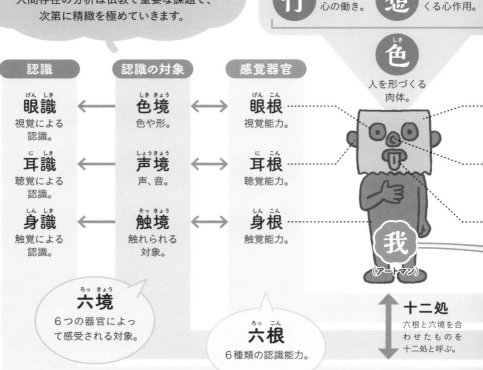

「五蘊」を明らかにする
人間存在の分析は仏教で重要な課題で、次第に精緻を極めていきます。

行（ぎょう） 能動的な心の働き。　**想**（そう） イメージをつくる心作用。

色（しき） 人を形づくる肉体。

認識

眼識（げんしき） 視覚による認識。
耳識（にしき） 聴覚による認識。
身識（しんしき） 触覚による認識。

認識の対象

色境（しききょう） 色や形。
声境（しょうきょう） 声、音。
触境（そっきょう） 触れられる対象。

感覚器官

眼根（げんこん） 視覚能力。
耳根（にこん） 聴覚能力。
身根（しんこん） 触覚能力。

我（アートマン）

六境（ろっきょう） 6つの器官によって感受される対象。

六根（ろっこん） 6種類の認識能力。

十二処 六根と六境を合わせたものを十二処と呼ぶ。

智慧　智慧の眼が開けば縁起がわかり執着が消える

　智慧は、ものごとを「分けて知る」心の働きであり、私たちももっています。しかし私たちの智慧は劣っているため、いろいろな間違いをおかします。

　お釈迦様は、優れた智慧によって諸行無常・一切皆苦・諸法無我を見極めることができれば、苦から解放されると説いています。妄想に惑わされず、ありのままを見ることができるようになれば、おのず

と正確にものごとを判断する力が備わるものです。

　優れた智慧を得た人は、縁起による生成・消滅の真理をありのまま理解して、執着を滅することができます。

　優れた智慧は解脱のために必要不可欠な能力です。これは、お釈迦様が定めた正しい修行を実践することで得られるものです。

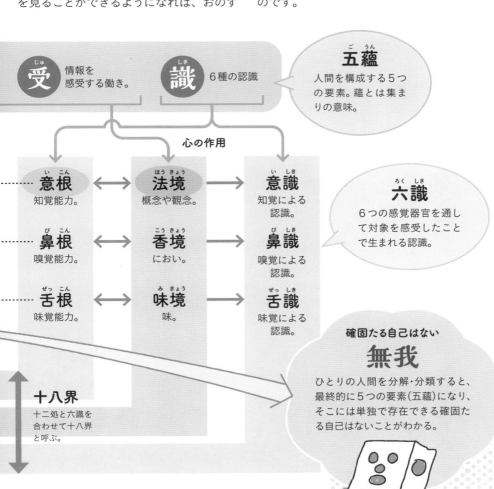

受　情報を感受する働き。

識　6種の認識

五蘊　人間を構成する5つの要素。蘊とは集まりの意味。

心の作用

意根　知覚能力。 ⟷ **法境**　概念や観念。 → **意識**　知覚による認識。

鼻根　嗅覚能力。 ⟷ **香境**　におい。 → **鼻識**　嗅覚による認識。

舌根　味覚能力。 ⟷ **味境**　味。 → **舌識**　味覚による認識。

六識　6つの感覚器官を通して対象を感受したことで生まれる認識。

十八界　十二処と六識を合わせて十八界と呼ぶ。

確固たる自己はない

無我　ひとりの人間を分解・分類すると、最終的に5つの要素(五蘊)になり、そこには単独で存在できる確固たる自己はないことがわかる。

\ 三学 /

迷い、苦しみから逃れる
具体的な方法は?

お釈迦様は「智慧によって煩悩を滅し、悟りに到達する」と説きました。
その実践法は「三学（さんがく）」としてまとめられています。

三学により智慧を得る

出家者が実践する修行法が三学。
智慧を得ることで解脱（げだつ）が可能になります。

三学　基本的な仏道修行の3項目で八正道と対応（正精進は三学すべてに対応）。戒学、定学を経て、初めて慧学をおさめられる。

Step 1
戒学（かい がく）

戒に従い生活
守るべき戒律（P67）に従って日々の生活を営む。身体を使った修行。正語、正業、正命にあたる。

身体

Step 2
定学（じょう がく）

瞑想で精神統一
心を正しい方向に向け、注意集中し、瞑想によって精神の統一をはかる。正念、正定にあたる。

精神

Step 3
慧学（え がく）

智慧が生じる
戒に従い生活して正しい瞑想を行うことで、智慧が生じて煩悩が滅する。正見、正思惟にあたる。

覚醒

[八正道・三学] **正しく修行し、完全なる智慧を獲得する**

　悟りを得るための正しい8つの実践法が八正道。四聖諦の道諦の具体的内容になります。八正道は修行者が必ず行うべき実践法です。

　この八正道は三学に対応します。三学とは、戒学・定学・慧学のこと。戒学は、悪を止め、善を修し、戒律を守り規律ある生活を保つこと。定学は、瞑想の実践であり心の散乱を鎮め、教えを正しく視察すること。慧学は、その戒学と定学とにもとづき真理を知る智慧を獲得することを意

味します。

　仏道修行の目的は智慧の獲得にありますが、そのためには、まず清らかな身心が必要です。戒律を守ることにより体を清め心を整える戒学、また禅定により真理を観察する定学が、真理を理解する智慧を得る慧学は不即不離といえます。

　三学と八正道の関係は、戒学に正語・正業・正命、定学に正念・正定、慧学に正見・正思惟、三学すべてに正精進が対応します。

八正道
（はっ しょう どう）

悟りを得るための修行法。四聖諦（P47）の道諦にあたる。
具体的な内容は以下の8項目。

1 正見（しょう けん）
正しいものの見方。自分や世界の様相を正しく見つめて、理解すること。

2 正思惟（しょう し ゆい）
かたよらない考え方。正見にもとづき、極端を避け、正しく思考すること。

3 正語（しょう ご）
正しい言葉のつかい方。嘘やそしり、悪口、誹謗中傷、暴言、無駄話などを語らないこと。

4 正業（しょう ごう）
正しい行為。戒として定められている不殺生・不偸盗・不邪淫（P66）のこと。

5 正命（しょう みょう）
正しい生活。仏教徒として適切な生活を送ること。出家信者と在家信者とで異なる（P66）。

6 正精進（しょう しょう じん）
正しい努力。悟りという正しい目的に向かい、仏道修行に邁進すること。

7 正念（しょう ねん）
正しい思念。邪念から離れて、正しく注意を払いながら念じること。

8 正定（しょう じょう）
正しい禅定。瞑想によって精神を統一し、心の平安を得ること。

お釈迦様の時代から
仏教徒が守ってきたこと

仏教徒となる基本条件は三宝への帰依（**P44**）ですが、仏教徒の、守るべき生活のルールが戒律です。とくに出家者は律という、集団生活の規則に従って生活する必要があります。

戒は出家・在家にかかわらず仏教徒として守るべき生活規範。「～してはならない」と自律的に自らに課す戒めで、努力目標といってもよいでしょう。戒を破ったからといって罰を受けるわけで

はなく、自らが堕落するだけです。

在家信者は五戒を守ることが基本。月に6日ある六斎日には五戒に3つの戒を足した八斎戒を守ります。出家見習いになると、さらにふたつ追加した「十戒」というように増えていきます。

出家者は戒を含む律を守らなければなりません。律とは集団生活を円滑に送るための規律で、破ると罰則があり、200を超える条文からなります。

 在家信者 （優婆塞・優婆夷）の生活ルール

【五戒】
在家信者が心がけるべきルール。罰則はない努力目標。

不殺生戒	不偸盗戒	不邪婬戒	不妄語戒	不飲酒戒
生きものを殺してはならない。	他人のものを盗んではならない。	みだらな性行為をしてはならない。	嘘をついてはならない。	酒類を飲んではならない。

【八斎戒】
月に6日ある六斎日（精進日）に守るべき戒。

五戒 ＋

- 化粧、香水、アクセサリーの禁止。演劇や舞踊などを見ない。
- 高く心地よいベッドに横にならない。
- 正午以降は食事をとらない。

出家見習い（沙弥・沙弥尼）の生活ルール

【十戒】
_{じっかい}

これから出家を目指すものが守るべき10種類の戒。在家信者の戒に、財産についての戒が加わる。

むやみに生きものを殺さない。	盗みをしない。	性交渉をしない。	嘘をつかない。	酒を飲まない。
化粧をせず、アクセサリーを身につけない。	演劇や舞踏を見に行かない。	高くて広い立派なベッドを使わない。	正午以降に食事をしない。	金銀財産を蓄えない。

出家者（比丘・比丘尼）の生活ルール

律

出家集団（サンガ・僧伽）だけの規則で、一人ひとりが守る規則と教団の運営方法がまとめられている。

経分別
_{きょうふんべつ}

戒律の条文（経＝波羅提木叉（はらだいもくしゃ））とその解釈。条文は200〜300あり、このまとまりを具足戒（ぐそくかい）（完全な戒）と呼ぶ。

犍度（戒）
_{けんど}

章という意味で、サンガの運営に関する規則を集めたマニュアル集。儀式の方法や紛争の調停方法などが記されている。

比丘の波羅夷
_{はらい}
出家者にとって大罪にあたり、犯したものはサンガを追放される。

❶ 性行為。	❷ 窃盗する。	❸ 人を殺す。	❹ 悟ったと嘘をつく。

比丘尼の八波羅夷
女性出家者には四波羅夷のほかに以下の4つが課せられる。

四波羅夷

❺ 愛欲をもって男性の体に接触する。
❻ 愛欲をもって男性と密会し、逢瀬を楽しむ。
❼ 波羅夷を犯したほかの比丘尼を告発しない。
❽ ほかの比丘尼に注意されてもサンガに背く比丘に従う。

仏教の信者は
なにを目指して生きているの?

仏教徒の最終目標である「悟り」を得ることは容易ではありません。
利他の精神をもって日々の生活を送ることが悟りへの近道となります。

慈悲と抜苦与楽 「友情」と「共感」が語源となり生まれた

慈悲は「慈」と「悲」からなる言葉で、慈はサンスクリット語でマイトリー、真実の友情や純粋な信愛という意味。悲はカルナー、他者の悲しみへの同情を意味します。友の悲しみに共感するような心の働きが慈悲です。また、お釈迦様は「母が我が子を護るように生きとし生けるものに慈しみの心をもて」とも説いています。

慈悲の同義語として「抜苦与楽」があります。他者の苦しみを除きたいと願う抜苦が悲、他者の安楽を願う与楽が慈に相当します。

慈悲はお釈迦様の共感力

慈悲とは、ブッダが他者を慈しみ、
相手の苦しみをとり除く気持ちを指します。

慈
友情をもって接する
慈とは本来「友情」の意。友のようにその人を見る。

悲
悲しみに共感する
相手の苦しみに対し、共感の心をもって接する。

共感が母親を
悲嘆から救った

幼子の死を悲しむ母親が、子を生き返らせる薬を求め、お釈迦様を訪ねた。お釈迦様は母親に、ひとりも死者が出ていない家から、けしの実をもらうように伝えた。だが死者の出ない家はなかった。訪問の過程で母親の悲しみは癒え、無常の真理に気づき、出家を決意した。

四無量心 修行が進んだ者だけがもつはかりしれない利他の心

　4つのはかりしれない利他の心を四無量心といいます。慈と悲に喜と捨を合わせて4つ。喜は他者の喜びを我がこととする心。捨は愛憎にとらわれない平等な心。捨は慈しみとともに語られることが多く、平静な心が慈しみのベースとなるのでしょう。

　四無量心は出家者の行うべき修行の徳目とされていました。普通の人は自分のことで精いっぱいで他者に慈悲をもつ余裕が無かったのでしょう。時代を経るにつれ、四無量心は多くの人々の実践目標に。しかし、私たちはなかなかそれを実践できないという自己認識から、大乗仏教の時代には、「絶対的な仏の慈悲」が重視されていきます。

慈悲喜捨の心ですべてを満たす

お釈迦様は、四無量心で満たされるなら、それは
修行者が財宝に富むことと等しいと説いています。

みんなを慈しむ　慈
相手の楽しみを望む。うらみやいら立ちの気持が消える。

他の苦しみに共感する　悲
相手の苦しみを減らしたい思い。害の気持ちが消える。

他の喜びをともに喜ぶ　喜
相手の喜びを自分の喜びとする。不満の気持ちが消える。

平等な気持ちで接する　捨
平等な気持ちで相手に接する。怒りの気持ちが消える。

仏教語

醍醐味 (だいごみ)

醍醐は、牛乳を精製したときにできるバターのようなもので、『涅槃経(P104)』に最上の味わいと記されている。転じて涅槃にたとえられる。そこから「最上の面白さ」の意味でつかわれるように。

有頂天 (うちょうてん)

天道(P48)の最高位のこと。無色界の最上となる非想非非想処天(ひそうひひそうしょてん)と同じ。他方『法華経(P98)』では色界の最高位である色究竟天(しきくきょうてん)(P178)を有頂天とした。ここからいまの意味に展開。

金輪際 (こんりんざい)

須弥山世界(しゅみせんかい)を支えている大地の底を「金輪(P179)」と呼ぶ。この際が金輪際。真の底を指す。ここからものごとの極限という意味につかわれ、否定形をともなって、断じて〜しないの意味に。

億劫 (おっくう)

仏教語では「おっこう」。億は大きな数の単位、劫は長い時間の単位。非常に長い時間のこと。現代では面倒なことを指す。面倒なこと＝時間がかかる。読みも変化しておっくうになった。

出世 (しゅっせ)

ブッダが衆生を救うためにこの世に出現すること、世間から離れて仏道に入ること(出世間(しゅっせけん))を指す言葉。そこから僧が高位になることを示し、現在のつかわれ方へと変化した。

旦那 (だんな)

梵語のダーナの音写で「布施(ふせ)」のこと。時代とともに施す人を指すように。檀家も同じ語源で財施をする家。日本では夫が稼いで家族を養うケースが多かったので、夫が旦那と呼ばれてきた。

三昧 (ざんまい)

瞑想の修行で、心を一点に集中し安定した精神状態になる「禅定(ぜんじょう)」のこと。そこからなにかひとつのことに意識が向き夢中になってしまうことを「〜三昧」と表現するようになった。

Part 3

生きとし生けるものを
残らず救いたい！

仏教伝播と
大乗の教え

お釈迦様の没後、遺骨や教えが信仰の対象に

お釈迦様という偉大な師が亡くなり、お釈迦様を慕う人々は、途方に暮れるなかで、遺骨やその言葉に師を求めました。

遺骨の崇拝　お釈迦様の遺骨は８つに分骨され、信仰対象に

お釈迦様の遺体はクシナガラの地に住むマッラ族によって盛大に弔われました。没後７日目にマハーカッサパと500人の弟子たちが到着。遺体に礼拝を終えた途端、それまで火がつかなかった薪がひとりでに燃え始めたと伝えられます。

お釈迦様の遺骨（仏舎利）を巡り、ゆかりのあった８部族の王が、それぞれに我がものにしようと主張し争い始めます。

そこに、ドーナというバラモンが仲裁に入り、平等に八等分することで決着。各地で丁重に納骨されると、遺骨と納骨したお墓・モニュメントはお釈迦様を慕う人たちの崇拝の対象となっていきます。

19世紀の大発見！　ペッペが発掘した舎利容器

お釈迦様の骨壺（舎利容器）の発見で、その実在が証明されました。

壺上部に、紀元前３世紀頃の古代文字。「偉人（お釈迦様）を称えよ」と記載。

【舎利容器】

1898年、ネパールの国境近くにあるピプラーワーで古墳の発掘作業に参加していたイギリスの駐在官ウイリアム・ペッペによって見つけられた舎利容器。容器の記述によりお釈迦様の実在が証明された。

紀元前5世紀

8つに分骨
お釈迦様入滅。遺骨を８分割。舎利容器と灰土でストゥーパ10基を建立。

紀元前3世紀

8万4000に細分化
入滅後218年（100年説も）にアショーカ王が当初のストゥーパを壊し、8万4000に細分化。

その後

各地にストゥーパ
仏教の広がりとともに各地にストゥーパが建てられ、仏舎利は信仰対象になった。

遺骨をおさめたモニュメント「ストゥーパ」

ストゥーパの音写が卒塔婆。略して塔。墓に建てる塔婆や五重塔も同じ由来。

【 サーンチー第一塔 】

インド中部にあるサーンチー村のストゥーパが完全な形で現存する最古の仏舎利塔。アショーカ王がお釈迦様の遺骨をおさめなおすためにつくったものが、後に拡張整備された。

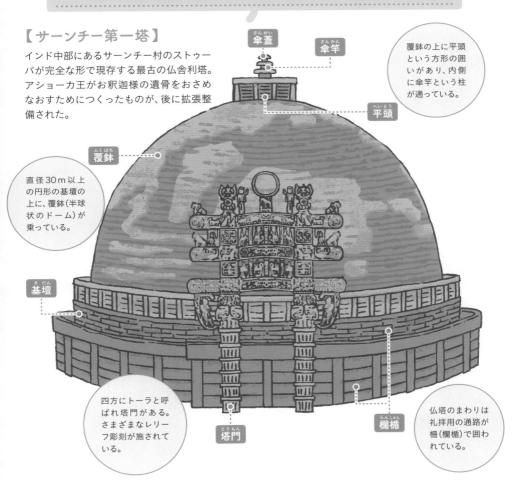

傘蓋（さんがい）

傘竿（さんかん）

覆鉢の上に平頭という方形の囲いがあり、内側に傘竿という柱が通っている。

平頭（へいとう）

覆鉢（ふくばち）

直径30ｍ以上の円形の基壇の上に、覆鉢（半球状のドーム）が乗っている。

基壇（きだん）

四方にトーラと呼ばれる塔門がある。さまざまなレリーフ彫刻が施されている。

塔門（とうもん）

欄楯（らんじゅん）

仏塔のまわりは礼拝用の通路が柵（欄楯）で囲われている。

仏教美術の始まり 遺骨や舎利塔はなにより大切なもの

お釈迦様を偲ぶ礼拝の対象物（チャイトヤ）には、サーリーリカ、パーリボーギカ、ウッデーシカの３種があります。

ひとつ目のサーリーリカは身体に関するもの、つまり遺骨（仏舎利）です。仏舎利を収納する建物がストゥーパ。これは仏塔という意味で、日本の五重塔、三重塔もストゥーパの一種です（P206）。

仏舎利とストゥーパは、仏教徒にとってとても大切なものとされています。

73

お釈迦様を象徴する聖なる表現

初期の仏教徒たちは、仏の姿を直接表現することはありませんでした。

伝記を絵として彫刻したものにも、お釈迦様の代わりに菩提樹や仏足跡などが描かれます。これがお釈迦様を偲ぶ礼拝対象物のひとつウッデーシカです。もうひとつの礼拝対象パーリボーギカは、お釈迦様が使用したもの。お釈迦様は人間を超えた存在のため、シンボルを通じて信仰されます。人間の姿で描くことがためらわれた、姿を形に留めることは無常の教えに反するなどの理由があります。描かれないことで、存在の大きさが際立つともいえます。

お釈迦様を象徴するもの

姿の代わりに、お釈迦様や教えを象徴するものが描き出されました。

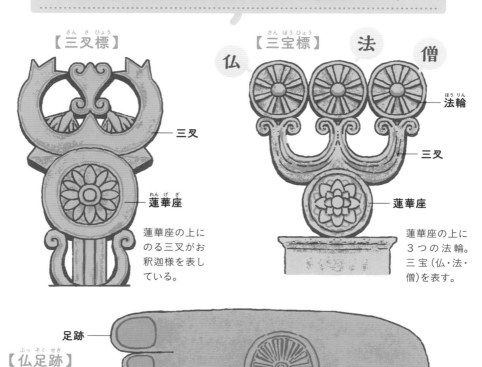

【三叉標<small>さんさひょう</small>】

三叉

蓮華座<small>れんげざ</small>

蓮華座の上にのる三叉がお釈迦様を表している。

仏 【三宝標<small>さんぼうひょう</small>】 法 僧

法輪<small>ほうりん</small>

三叉

蓮華座

蓮華座の上に3つの法輪。三宝(仏・法・僧)を表す。

足跡

【仏足跡<small>ぶっそくせき</small>】

お釈迦様の足の裏の形を彫刻したもの。法輪などのシンボルが刻まれていることが多い。

法輪

ガンダーラ仏とマトゥラー仏の特徴

仏像発祥の地はガンダーラとマトゥラーの2説。それぞれ特徴があります。

螺髪 (らほつ)
ウェーブがかかった長い頭髪を頭の上にまとめて髷を結っている。

目鼻立ち
顔は細長く、彫りが深い。目はおちくぼみ、鼻は高く、鼻筋が通っている。眉毛が連なるものも。

ガンダーラ仏

写実的な仏像が多い。アーリア系人種特有の顔立ち。彫りが深く、ギリシャ、ローマの彫刻にもよく似ていて、交流があったことがうかがえる。

口元
唇は薄め。口ひげをたくわえた菩薩像もある。

片岩 (へんがん)
片岩が多く使用されている。全体的に青黒い。

肉髻 (にっけい)
螺髪がなく、剃髪のものも。頭頂部のそり残しを巻貝状に盛りあげた肉髻がのる。

衣文 (えもん)
厚手の衣を通肩（つうけん／両肩にかける）にまとう。衣文（着衣のひだ）は深い。

口元
唇には厚みがある。口元だけに笑みを見せるアルカイックスマイルを浮かべている。

目鼻立ち
丸顔で、瞼がはっきり表現され、目は丸く大きく見開いているものが多い。

マトゥラー仏

古代より交易の中心地で、仏教以外の宗教の造形も盛んに行われてきた。ガンダーラ仏より丸みがあり、彫りも浅く、肉感的。

砂岩
砂岩が多く使用されている。全体的に赤い。

衣文 (えもん)
衣は肉体が透けるほど薄い。初期のものは偏袒右肩（へんだんうけん）にまとう。衣文は何重にも表現。

仏像の誕生 ## 紀元後1〜2世紀に「梵天勧請」のシーンが仏像化

紀元後1〜2世紀にガンダーラ（インド西北部、現パキスタン）やマトゥラー（インド北部）で仏像が彫刻されるようになりました。よく見られるモチーフは梵天勧請のシーン（**P28**）。これまでに10以上の作例が見つかっています。

ふたつの共通点は交易の盛んな地だったということ。ギリシャやローマの他民族・他宗教の造像文化が流入、お釈迦様の直接表現に踏み切らせたのでしょう。

耳で聞き、口でとなえ、「経典」をのこす

お釈迦様の教えは文字に起こされず、
口伝により広められていきました。

魔訶迦葉主催の第一結集

お釈迦様が亡くなった直後に、魔訶迦葉が500人の阿羅漢とともに、王舎城（ラージャガハ）で第一結集を開催。

「経」担当

阿難（あなん）
長年にわたりお釈迦様についていた阿難がお釈迦様の教法を暗唱する。

「律」担当

優波離（うぱり）
教団の規則（律）に精通していた優波離が律を暗唱する。

暗唱　全員でとなえて確認　暗唱

耳で聞く　　　　　　　口で再生する

阿羅漢（修行者の最上位のものたち）500人

当時は尊い人の言葉を口頭で伝えることが常識だった。

お経の誕生　お釈迦様不在の未来に仏教を絶やさぬために

　お釈迦様が生きていた当時は、口頭でのみ教えを説いていました。お釈迦様が亡くなると、教えを歪めることなくどう残すかという問題が生じます。長老の魔訶迦葉（マハーカッサパ・P37）は仏弟子500人を集め、教えの確認作業に着手。この集会を第一結集と呼びます。

　律については、律を熟知していた優波離（ウパーリ・P36）が、教えについては

お釈迦様につねにつき従っていた阿難（アーナンダ・P37）が、それぞれに暗唱。参加者全員でそれを復唱し、間違いがないことを確認しました。こうして確認された教えが経典として、サンガのなかで伝えられていきます。

　インドには聖なる教えは口頭で伝えるという考えがあり、紀元前1世紀にやっと文字で記されるようになりました。

三蔵 アショーカ王の時代に経典として整えられた

経（教え）や律（規則）は蔵（ピタカ）としてまとめられます。経蔵は教えの集まり、律蔵は規則の集まりです。お釈迦様の入滅後、時代を経るなかで、経典が曲解されないよう註釈が必要になってきます。この註釈をまとめたものが論蔵。これら３つを「三蔵」と呼びます。

三蔵の成立は、教えの分類・整理が進んだ結果でもあります。その整理時期は紀元前２〜３世紀頃、アショーカ王の時代。最初期の三蔵はマガダ語でまとめられました。その後、インドの一地方で使用されていたパーリ語でも伝承されるようになり、現在も東南アジアではパーリ語聖典を用います。

三蔵は仏教経典のすべてを表すもので、仏典すべてに通じた偉大な僧侶を中国では敬意をもって三蔵法師と呼びました。

仏教を大切にしたインドの大王
アショーカ王

仏教の拡大に大きく寄与したのは、マウリア朝第３代国王のアショーカ王。お釈迦様の没後、インドはギリシャからの侵攻やマガダ国の崩壊など激動期を迎えましたが、紀元前268年にアショーカ王が国王につき、一定の平安をとり戻します。

武力によるインドの制覇を成し遂げたアショーカ王は、即位後に仏教に帰依したと伝えられます。武力による平定の結果、多くの人命を奪ったことを悔いたアショーカ王は法治国家を目指し、仏法を敬うことなどを刻んだ石柱法勅、摩崖法勅を各地に建てています。

【 サールナートの柱頭 】

背中合わせの４頭の獅子がお釈迦様の教えを世界にあまねく伝えることを表す。

法輪

法輪と法輪のあいだに、牛、馬、獅子、象が一体ずついる。

王石柱の柱頭が発見され、初転法輪（P29）の聖地が特定。

「すべての救済」という新たな思想の流れが登場

お釈迦様の没後、さまざまな仏教解釈が生まれます。
徐々に自分の悟りから衆生の救済へと、仏教は多様化していきます。

部派仏教 教えの解釈により生まれた複数のグループ

お釈迦様が亡くなり、100年以上経つと、教えや生活規則についてさまざまな解釈が生まれるようになりました。

仏教を保護したアショーカ王は、あらゆる宗教を認めたといわれ、時代背景も影響していたのかもしれません。

大きく分けると戒律を厳密に守る派とゆるめる派で、20ほどのグループ（部派）に分裂しました。

そこからさらに派閥が枝分かれします。それらは対立関係にあったわけではなく、相互に認めあっていたようです。

根本分裂・枝末分裂

布教の拡大や経済的な事情により、戒律に対する考えが変化してきました。

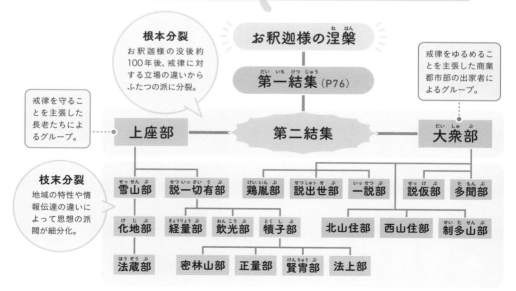

根本分裂
お釈迦様の没後約100年後、戒律に対する立場の違いからふたつの派に分裂。

お釈迦様の涅槃

第一結集（P76）

戒律をゆるめることを主張した商業都市部の出家者によるグループ。

戒律を守ることを主張した長老たちによるグループ。

上座部　　　第二結集　　　大衆部

枝末分裂
地域の特性や情報伝達の違いによって思想の派閥が細分化。

雪山部　説一切有部　鶏胤部　説出世部　一説部　説仮部　多聞部

化地部　経量部　飲光部　犢子部　北山住部　西山住部　制多山部

法蔵部　密林山部　正量部　賢冑部　法上部

変化するインドの仏教

お釈迦様の教えから始まったインドの仏教は分化していきます。

初期仏教（ブッダ在世〜紀元前1世紀）	インド **ブッダ在世から部派仏教による教義の研究と実践** 最初期はお釈迦様の時代。その後、部派に分かれ、教義の研究や修行の実践が行われた。お互いに仏教徒として存在を認め合っていた。どの部派も戒律を遵守しながら修行する出家修行者が中心。

中期仏教（1〜6世紀）

インド
大乗仏教登場後も出家修行者が中心

戒律を遵守する古来の仏教（上座部仏教）も、新しく登場した大乗仏教も、インドでは出家修行者中心で修行が行われた。

大乗仏教の発生
さまざまな思想のなかから自然発生的に、誰もがブッダと同じ悟りを目指せるという大乗仏教の思想が生まれた。

南方へ
スリランカやタイへ
上座部の教えは南方のスリランカやミャンマー、タイに伝わった。

北方へ
シルクロードを経て中国へ
2世紀末頃からシルクロードを経て、中国・朝鮮半島・日本に伝わった。

後期仏教（7〜13世紀）

インド
仏教は衰退

13世紀頃になると、バラモン教を前身とするヒンドゥー教が主流に。仏教は衰退。

密教の発生
『大日経』『金剛頂経』などの経典を信奉する密教が生まれる。

中期
密教は中国を経由し、朝鮮半島・日本にも伝わる。

後期
チベットにはインド最後期の密教まで伝わる。

インド仏教 大乗以降も出家修行者が中心

　部派仏教時代になると、さまざまな思想が生まれ、そのなかでのちに大乗仏教につながる思想も登場します。

　大乗仏教の登場により、誰もがブッダと同じ悟りの境地を目指せるようになりました。しかし、インド仏教の主流が出家修行者であることに変わりありません。伝統的な仏教（かつて小乗仏教と呼ばれた）＝出家者中心、大乗仏教＝在家者中心というわけではないのです。

　日本の大乗仏教は、在家信者の成仏を強く打ち出しますが、インドでは出家が前提、大乗であっても出家者となり修行を積み、ブッダを目指したのです。

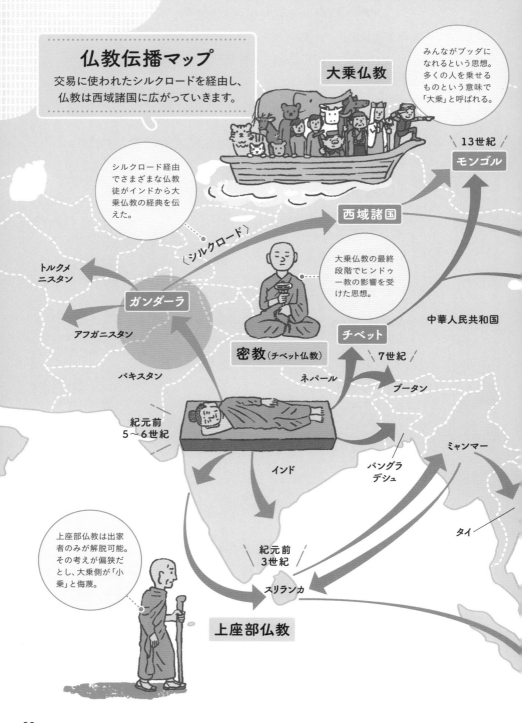

仏教伝播マップ

交易に使われたシルクロードを経由し、仏教は西域諸国に広がっていきます。

大乗仏教

みんながブッダになれるという思想。多くの人を乗せるものという意味で「大乗」と呼ばれる。

13世紀

モンゴル

シルクロード経由でさまざまな仏教徒がインドから大乗仏教の経典を伝えた。

西域諸国

〈シルクロード〉

大乗仏教の最終段階でヒンドゥー教の影響を受けた思想。

トルクメニスタン

ガンダーラ

チベット

中華人民共和国

アフガニスタン

密教（チベット仏教）

7世紀

パキスタン

ネパール

ブータン

紀元前5〜6世紀

インド

バングラデシュ

ミャンマー

タイ

上座部仏教は出家者のみが解脱可能。その考えが偏狭だとし、大乗側が「小乗」と侮蔑。

紀元前3世紀

スリランカ

上座部仏教

80

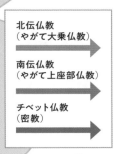

北伝仏教
（やがて大乗仏教）

南伝仏教
（やがて上座部仏教）

チベット仏教
（密教）

**時系列を無視して
大乗経典が中国へ**

中国には、インドでの時系列の
影響を受けずに経典が伝えら
れた。その後、経典研究が盛ん
になり、優劣が検討された。よ
り救済範囲が広い大乗仏教が
支持されるようになった。

4世紀

6世紀

1世紀

長安

洛陽

大韓民国

日本

台湾

ラオス

カンボジア

ベトナム

現在、上座部仏教
はミャンマー、タイ、
スリランカ、カン
ボジアなどの南ア
ジアで主流。

インドネシア

ジャワ

仏教伝播

さまざまな仏教が
各地に伝わり、花開く

　インドで発展した仏教教団のなかで、上座
部は南方を中心に、大乗は北方を中心に広がっ
ていきました。北方に伝わった仏教は、交易に
使われたシルクロードに沿って西域諸国に伝
わります。その革新性や柔軟性、衆生の救済
という思想性から、各土地の土着の宗教とも融
合し、多くの人々に受け入れられていきました。
　一方、上座部はスリランカやミャンマー、タ
イ、ラオスへと広がり、東南アジアの仏教の主
流となりました。また7世紀以降、ヒンドゥー
教の影響を受けた密教は、チベットやブータ
ンに伝わり、現在も信仰されています。

自分自身が悟り、阿羅漢になることを目指す

上座部仏教はお釈迦様が説いた出家生活の伝統を残しています。出家者は戒律を守りながらひたすら修行に励み、煩悩を消し去ることで悟りを得ようとします。

信仰の対象はなによりも釈迦牟尼仏。現世で修行し、実際に悟りを開きブッダとなったお釈迦様は、ふたりといない貴重な存在として神格化されました。

たとえ出家して修行したからといって、ふつうの出家者が、偉大なお釈迦様に並べるはずがありません。彼らは「ブッダ」ではなく「阿羅漢」という悟りの境地を目指しました。上座部では阿羅漢になれるのは出家修行者のみで、在家信者はよりよい来世のために布施を主として仏教に関わります。

上座部仏教の世界観

輪廻から抜け出し悟りを得るには、現世のつながりを断つ出家が必須です。

阿羅漢となる資格をもつのは出家者のみ。この世で修行して悟りを開いた者を阿羅漢という。

現世での境地
阿羅漢

現世にはひとりきり
ブッダ

お釈迦様は何十億年かにひとりの貴重なブッダ。何十億年後に新たな仏陀が登場する。

三学の実践
出家者

目指す

布施中心の修業
在家信者

法施 在家信者のために仏教の教えを説く。

布施

財施 出家者の生活を支えるために、財産や食料を捧げる。

大乗仏教 ## すべての人が悟り、ブッダになることを目指す

　大乗仏教の大乗とは大きな乗りものという意味。すべての者が悟りを目指す仏教で、出家者だけが悟る上座部に対して生まれた思想です。大乗仏教側が上座部仏教を侮蔑的に 「小乗 (小さな乗りもの)」と呼んだ時代もありました。

　大乗仏教でも、悟りを目指すのは上座部と同じです。そして、誰もがそこに到る

ことができると考えます。生まれた境遇や能力、また出家も在家も関係なく誰にでも開かれた修行の道を提示します。修行者同士の差別がなくなることで、布施・利他の意味も変化します。

　さらにブッダの概念も大きく変化し、仏教思想が宇宙的な広がりをもつようになります。

大乗仏教の世界観
在家出家の区別なく誰でも悟れるという思想が大乗仏教です。

現在・過去・未来に
たくさんいる
ブッダ

現世にも未来にも過去にも、同時にブッダは多数存在する。

目指す

布施
(利他)

利他は布施の一部。相手のために身を投げ出すことが、自分の悟りにつながる。

出家者　　出家見習い　　在家信者

全員が仏になる資格あり

出家・在家、男女の区別なく誰でもブッダを目指し修行できる。次第に、生きとし生けるものすべて(衆生)がブッダになれるという思想に変化していく。

インド大乗仏教の最終型が密教だった

　密教は5世紀頃に、大乗仏教の流れの
ひとつとして生まれました。当時のインド
はヒンドゥー教の勢力が拡大。多様化を
遂げた大乗仏教は、次第にヒンドゥー教
の要素をとり入れるようになりました。
　大乗仏教の如来蔵思想はヒンドゥー教

の前身であるウパニシャッド哲学の思想
と類似した点があります。次第に両者は
融合し、密教という新しい思想に発展し
ます。その後、インドでは仏教が衰退。
密教はチベットや中国経由で日本に渡り、
真言宗となり、現在に到ります。

ヒンドゥー教と融合した密教の世界観
密教経典には、仏と一体化するための所作が書かれています。

ウパニシャッド哲学
梵我一如の思想

ヒンドゥー教の前身であるウパニシャッド哲
学では、宇宙の根本原理である梵（ブラフマン）
と個体原理である我（アートマン）が一体化
するとき永遠の幸福を得られるとされる。

宇宙の根本原理
「梵（ブラフマン）」

個体原理
「我（アートマン）」

大乗仏教
如来蔵思想

あらゆる人々が自分の内部にブッダ（如来）を
宿していると考える。すでに一体化している
如来の存在に気づくことが悟りと考える。

自分

ブッダ
（如来）

ヒンドゥー教の影響大
密教思想

呪文をとなえ、印を結び、瞑想や神秘的
な儀礼を行うことで悟りの境地を目指す。
後期密教では、ヒンドゥー教の影響が強
く、男女が合体するヨーガで没我の境地
に達する姿が表現されている。

上座部仏教と大乗仏教の違いのまとめ

大乗仏教の登場で修行方法から信仰対象まであらゆる面で幅が広がりました。

	上座部仏教	大乗仏教
呼び方	上座部仏教、上座仏教、テーラワーダ仏教、南伝仏教、パーリ仏教	大乗仏教、北伝仏教
経典	パーリ語経典 ●上座部仏教ではパーリ語が共通言語。	サンスクリット語から訳された漢訳経典、チベット語経典
戒律	お釈迦様の時代からの完全な戒律（具足戒）	宗派ごとに異なる
信仰対象	釈迦如来（ブッダ、お釈迦様） ●現世のブッダはひとりだけ。お釈迦様がもっとも新しいブッダ。 ●菩薩＝お釈迦様の修行時代の姿。	さまざまなブッダ（如来）、菩薩、天部の神々 ●ブッダはお釈迦様だけではない。 ●この世には同時に複数の仏、菩薩、天部の神々が存在している。
教化の対象・方法	出家者 ●三学の実践。 在家者 ●功徳を積む布施の実践。	衆生（生きとし生けるものすべて） ●出家・在家を問わない。 ●六波羅蜜。
修行者の目標	阿羅漢（出家して修行を完成させた者）	ブッダ ●現世で修行する身を菩薩と呼ぶ。
修行 （悟りに到る方法）	戒律の遵守と瞑想の実践 ●自分の力で道を切り開く。 ●善行＝業のひとつ（P50）。 ●修行による自利（自分の利益）の重視。	六波羅蜜（P97）の実践 ●さまざまな仏を敬ったり、一体化したりすることを求めて善行を積む。 ●善行＝悟りに到るエネルギーに転換可能。 ●布施という利他の重視。
伝播した地域	スリランカ、タイ、ラオス、カンボジア、ミャンマー など	中華人民共和国、大韓民国、日本、チベット、モンゴル など

みんなが菩薩となり、真理に目覚めたブッダを目指す

上座部仏教で菩薩といえば、前世のブッダを指しますが、
大乗仏教では他者救済する多くの菩薩が登場します。

讃嘆文学 部派仏教時代にお釈迦様の讃嘆文学ができる

大乗仏教では、多数のブッダが誕生します。もちろんお釈迦様も部派仏教時代から礼賛され続けました。

部派仏教において、お釈迦様は悟りを得た別格の修行者として神格化されます。そして、お釈迦様の前世が注目されました。さらに大乗仏教は、ブッダとなるためには、悟りを開く以前のお釈迦様のまねすればいいと考えるようになります。

悟りを目指し生きていた王子時代のお釈迦様を「悟りを求める者（菩提薩埵）」とし「菩薩」と呼ぶようになります。

また、お釈迦様も輪廻転生をくり返してきたのなら、そのなかに悟りに到るための秘密があるのではないか、と考えるようになりました。

その結果、人々はお釈迦様の前世を想像し、お釈迦様が動物や求道者として善行を積む奇想天外な神話（ジャータカ）をつくり出すようになったのです。

〖 日本でもよく知られているジャータカ 〗

月に描かれたうさぎの話

修行者への施しものを探せなかったうさぎ（過去世のお釈迦様）は、自分の体を焼いて食べ修行に励むように言い、修行者が神通力でつけた火に飛び込んだ。ところが炎は冷たく、うさぎが焼かれることはなかった。

▼

修行者は布施の心を試すためにやってきた帝釈天（P199）。行いを称えるために、帝釈天は月にうさぎを描いて去っていった。

虎にわが身を投げ出した王子

インドのある国の３人の王子が、森のなかで７頭の子どもを連れた、飢えた虎に出会う。崖の下で母虎はまさにわが子を食わんとしていた。兄ふたりは、かわいそうだが助けることはできない、とその場を立ち去ってしまう。

▼

しかしお釈迦様の前世であった一番年下の王子は、崖の下に身を投げ、自らを母虎に食わせ、虎たちの命を救った。

お釈迦様の過去に注目が集まる

複数の仏を信仰する素地は、すでに部派仏教時代に生まれていました。

1 お釈迦様の成道以前に修行のヒントがあるのでは？

悟りを開く以前

菩（ぼ）提（だい）薩（さっ）埵（た）

悟りを開いて以降

仏陀

悟り

仏陀（ブッダ）とは、悟りを開き、宇宙の真理に目覚めた者の意味。

菩提（仏陀の悟りの智慧）薩埵（生きている者）を略して菩薩。悟りを目指す仏道修行者の意味。

さらに過去に注目！

降兜率（ごうとそつ）(P20)	入胎（にったい）(P20)	降誕（ごうたん）(P20)	出家（しゅっけ）(P24)	降魔（ごうま）(P27)	成道（じょうどう）(P27)	転法輪（てんぼうりん）(P29)	入滅（にゅうめつ）(P40)

▶八相成道（はっそうじょうどう）

仏伝文学　お釈迦様の生涯を8項目（八相成道）で描いた物語（**Part1**）。出家者たちは成道以前の菩薩時代に悟りに到るヒントがあるのではないかと考えた。

2 生まれる以前に悟りの秘密があるのではないか？

降誕以前　　　　　　　　**降誕以降**

過去世　　　　　輪廻　　　誕生　　現世

過去世への信仰が生まれる

お釈迦様は輪廻のなかで特別な修行をしたはずだと考える。過去世に注目が集まり、神話としてのジャータカ（**P86**）が登場。

お釈迦様の降誕以前の過去世にまでさかのぼり、輪廻転生のなかに悟りに到る善業があったのだと考えるようになる。

過去仏への考え方が大乗仏教で拡大していく

仏教には「過去七仏」という考え方があります。

お釈迦様以前にこの世に6人の仏があらわれたという理解。お釈迦様は成仏し7番目の仏となりました。七仏共通の教えが「七仏通戒偈」。これは「悪をなさず、善を修め、心を清めること」の勧めです。

また未来に仏となるべく、弥勒菩薩が現在兜率天で修行に励んでいると考えます。

ジャータカは、上座部でも大乗でも大切にされます。そこで重視されたのは「授記」。「あなたは将来、仏になるでしょう」という予言です。お釈迦様は遠い過去に当時のブッダからこの予言を授かりました。これが大乗仏教では、菩薩の「仏になるという誓い（誓願）」を、別の仏が保証するという理解となり、より重要視されていきます。

過去についての仏教の考え

過去仏への考え方の相違が、そのまま各仏教のブッダ観の違いになります。

共通の考え方　時間的間隔を置きブッダが登場

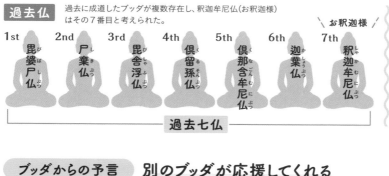

過去仏　過去に成道したブッダが複数存在し、釈迦牟尼仏(お釈迦様)はその7番目と考えられた。

1st	2nd	3rd	4th	5th	6th	7th（お釈迦様）
毘婆尸仏	尸棄仏	毘舎浮仏	倶留孫仏	倶那含牟尼仏	迦葉仏	釈迦牟尼仏

過去七仏

未来仏

8th 弥勒菩薩

お釈迦様入滅後56億7000万年後の未来に仏陀となり、衆生を救うと考えられた（P197）。

ブッダからの予言　別のブッダが応援してくれる

過去世

過去世の輪廻のなかでお釈迦様はブッダと出会い、自分もブッダになることを誓った。

お釈迦様の前世

誓願
私はブッダになります！

先輩ブッダ

授記
君は必ずブッダになれる！がんばれ！

現世

お釈迦様

現世においてお釈迦様は悟り、輪廻を終わらせることができた。

釈迦牟尼仏

現在仏・過去仏・未来仏 真理にたどり着いた人は無数にいる

　大乗仏教は、生きとし生けるものすべてが悟り、ブッダとなることを目指す教えです。誰もがブッダになるための修行者（菩薩）になれなくてはなりません。

　先輩ブッダに誓願し、先輩ブッダから授記されるというやりとりが、そこかしこで行われていることが理想。普遍的な真理（悟り）に到達するチャンスは誰にでもあるのです。

　お釈迦様を激励した先輩ブッダも、過去世で別の先輩ブッダとの誓願・授記によって菩薩となったはず。いま、自分が授記されるには、さまざまなブッダが必要です。大乗仏教ではこの世界以外の多くの世界で、実際にブッダたちが活動中だと考えるように。そのようなブッダが過去・現在・未来にわたり無数に存在する世界観を生み出したのです。

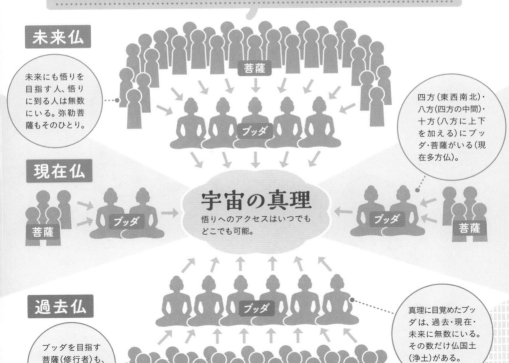

三世・十方にブッダ・菩薩が満ちていく
三世・十方に仏がいると考えることで、いつでもどこでも真理に触れられます。

未来仏

未来にも悟りを目指す人、悟りに到る人は無数にいる。弥勒菩薩もそのひとり。

菩薩

ブッダ

四方（東西南北）・八方（四方の中間）・十方（八方に上下を加える）にブッダ・菩薩がいる（現在多方仏）。

現在仏

菩薩　ブッダ

宇宙の真理
悟りへのアクセスはいつでもどこでも可能。

ブッダ　菩薩

過去仏

ブッダを目指す菩薩（修行者）も、過去・現在・未来に無数にいる。

ブッダ

菩薩

真理に目覚めたブッダは、過去・現在・未来に無数にいる。その数だけ仏国土（浄土）がある。

ブッダの智慧と慈悲の境地に到るために菩薩として修行する

大乗仏教の修行は「菩薩行」。出家者だけが行える特別な修行から、
誰でも実践できる修行へと、修行の方法が大きく変化しました。

出家必須の声聞乗・独覚乗、在家もOKの菩薩乗

大乗仏教では、出家も在家も悟りに到る教法「菩薩乗」が重視されました。

上座部仏教の修行

\ 出家必須 /

独覚（縁覚）乗（どっかく（えんがく）じょう）
サンガ（P35）に参加せず、自分の力だけで悟り、誰にも教えを説かない。

\ 出家必須 /

声聞乗（しょうもんじょう）
お釈迦様の教えを聞いて、阿羅漢を目指し修行に励む。

声聞乗も独覚乗も出家しなければできない修行。

出　家

家族や財産を捨て、しがらみの少ない世界で修行をする。

しがらみの
少ない世界

在　家

親子、友人、仕事……日常生活すべてにおいてしがらみのある世界。

しがらみのある世界

出家しなければ修行ができない

人が世間というしがらみの世界で生きていると、業（P50）から逃れられない。悟るためには、出家し、しがらみの少ない世界で修行（おもに瞑想）しなければならない。

三乗 大乗仏教時代に菩薩乗の重要性が増した

大乗仏教では、お釈迦様が到達した最高の悟りの境地にどうやってたどり着くかが大きなテーマになりました。

お釈迦様は対機説法（たいきせっぽう）といって、その人の能力や抱えている現実に即したやり方で教えを説きました。このような実践的な救済方法を方便（ほうべん）（P98）といいます。

大乗仏教では方便を乗りものにたとえ、お釈迦様は衆生を悟りに導くために「三乗」（さんじょう）という3つの教法を説いたと考えました。

上座部などの部派仏教はお釈迦様の弟子となり教えを直接聞く「声聞乗」、師をもたずひとりで悟り、誰も導かない「独覚（縁覚）乗」を重視します。これらは悟りとはいっても、お釈迦様の境地には見劣りします。

そこで大切になるのが「菩薩乗」です。出家在家の違いや能力の差を問わず、誰もが平等に最高の悟りに到る道。その道では、慈悲で他者の苦に手を差し伸べる利他が重視されます。利他が重視されたことで、在家信者も日常生活のなかで悟りを目指せるようになりました。

大乗仏教の修行

在家
世俗の世界で業を抱えながら修行を行う。

✕ 声聞乗 独覚乗
在家でこれらの修行を実践するのは困難。

\ 在家もOK /

菩薩乗（ぼさつじょう）

自らを菩薩と認識し、日常生活で善行（善業）を積むことで悟りを目指す。世俗社会と関わりながら利他行を行うことも功徳になる。

利他行
自らの煩悩を消し去り、自己犠牲もいとわず、衆生の苦しみに目を向ける。

しがらみのある世界

在家であっても菩薩として修行する

在家として悟りを目指すには、日常生活の行為（業）をも修行に変換する必要がある。そのためには智慧で苦を知るだけでなく、慈悲の感情で苦しむ衆生に利他行を行うことが重要となる。

菩薩乗を効率アップさせる 「空」「廻向」「誓願」

「空」 縁起的世界だから「ゼロ」と見る。 大乗仏教で神秘の力が加わる

さまざまな善行を積み悟りを目指す菩薩乗には、大きな矛盾がありました。「善行も業を生むので、因果応報・輪廻転生の世界から抜けられない（P50）」つまり永遠に悟れないという点です。

これを解消するためのアイデアが「空」。

あらゆるものは縁起します。空はほかのものと関係せずに自立するものはないという考え方。あらゆるものに実態がないということ。業もまた同様で、空を実感したとき、因果応報・輪廻転生も空っぽのものになっていきます。

1 縁起に 気づかない ため苦が生じる

縁起的世界に気づいていない。

世界は縁起によって成り立つが、それに気づかないために苦が生まれる。

2 縁起に 気づくと 苦が減る

縁起だから苦が生じるとわかる。

世界が縁起（構成要素が相互に関係している）だとわかると苦が減る。

3 構成要素には、 実体がない

空

縁起だから空である。

縁起が完全にわかると、構成要素にも実体がないことがわかる。

▶ 世界は説明できない神秘の力で動いている。

「廻向」 業をパワーに変え、衆生に向け、悟りの境地に到る

　慈悲の心で他者に接し、善行を施すことを「利他」といいます。

　大乗仏教では、善行にまつわる業として、利他を強調します。そこで善行で得た功徳を、自分もしくは衆生に振り向ける「廻向」というしくみを考えました。功徳を廻向すれば、それが自利となり、パワーアップして自分に戻り悟りを開けます。また善業を悟るためのエネルギーにすることもできます。

善行を実践して得た功徳
利他

廻向
パワー

衆生
生きとし生けるものすべて。

リターン
自利
悟りを開いてブッダになる！

よい業のエネルギーを、よい世界への輪廻のためでなく、悟りを開く目的に使う。善行の功徳を衆生に向け、ブッダになる。

「誓願」 菩薩だと自覚し、誓いを立てると不思議な力が宿る

　菩薩乗では、「自分は菩薩である」という菩薩としての誓い（誓願）を宣言することが重視されるようになりました。

　菩薩の誓願の代表が「四弘誓願」という４つの誓いで、すべての菩薩に共通するものです。現在も大乗仏教の宗派でとなえられ、菩薩としての誓いが生き続けています。

四弘誓願

❶ 衆生無辺誓願度
衆生を必ず悟りに到らせようと願う。

❷ 煩悩無辺誓願断
限りない煩悩を断ち切ることを願う。

❸ 法門無尽誓願知（法門無量誓願学）
数え尽くせない仏陀の教えを知ることを願う。

❹ 無上菩提誓願証（仏道無上誓願成）
このうえない悟りの道を体得することを願う。

お釈迦様の真意を説く 大乗経典が続々登場

初期経典はお釈迦様の言葉を口誦で伝えたものでしたが、大乗仏教の時代には、新たな教えの正統性を証明するための経典が登場します。

大乗経典成立 自然発生&同時多発的に生まれていく

お釈迦様の教えを忘れないよう、仏弟子たちが集まり、となえて継承したのがお経の始まりでした。時代を経て、教えが整理・分類され、阿含・ニカーヤという初期経典が生まれました。

大乗仏教では、それらの経典にブッダの真意が十分に説かれていないと考えます。この流れを受けて自然発生・同時多発的に新たな経典が登場します。『般若経』『法華経』などが、「じつはこれこそお釈迦様の真意なのだ」と、大乗の正統性を主張しました。

〖 大乗経典の時代別の発達 〗

初期 紀元前後頃〜3世紀初頭	**原始大乗経典の時代** 大乗仏教の論師ナーガールジュナ(龍樹・P95)が活躍した3世紀初頭まで。この時期にバリエーションに富んだ経典が生まれ、大乗仏教の基礎を築いた。	
	おもな大乗仏典	『大阿弥陀経』『八千頌般若経(P96)』『華厳経(P100)』 『法華経(P98)』『大無量寿経(浄土三部経・P102)』など
中期 3世紀〜5世紀終わり	**大乗経典の注釈書が盛ん** アサンガ(無著)とヴァスバンドゥ(世親)という論師の兄弟が活躍。原始大乗経典が拡張されたり、それらの注釈書が生まれたりした。	
	おもな大乗仏典	『無量寿経』『如来蔵経』『勝鬘経』『大般涅槃経(P104)』など
後期 5世紀終わり〜	**密教系の経典が主流に** 陀羅尼、曼荼羅、真言といったタントラと呼ばれる密教の経典が数多く生まれるようになる。	
	おもな大乗仏典	『大日経』『金剛頂経』など

大乗の思想　お釈迦様の真意を巡るさまざまな研究が進んだ

　大乗経典の登場で、数々の論師により、教理の研究が盛んに行われるようになりました。初期仏教以来教え（ダルマ）に対する（アビ）考察を「アビダルマ」と呼びます。これは大乗仏教にも継承されました。

　大乗経典では、お釈迦様が説いた「空」の教えをどう解釈し、悟りへの道筋をつけるかが重要なポイントになります。

　とくに大乗仏教の発展に大きな影響を与えたのはナーガールジュナ（龍樹）です。『般若経』の空の教え（P92）から空の思想を確立し、中道（P30）こそがお釈迦様の真意であるとしました。この空を土台に大乗の思想が形成されます。

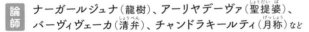

3つの主要な大乗思想

教理研究からお釈迦様の真意を考察する3つの思想が生まれました。

空を論じた『中論頌』に始まる中観思想

論師　ナーガールジュナ（龍樹）、アーリヤデーヴァ（聖提婆）、バーヴィヴェーカ（清弁）、チャンドラキールティ（月称）など

大乗仏教の基礎を確立したのがナーガールジュナ。『般若経』に説かれる空の思想を縁起で説明した『中論頌』は、後世に多大な影響を与え、日本では「八宗の祖」とも呼ばれる。ナーガールジュナの著作は多岐にわたり、『般若経』や『華厳経』から、密教の作法にまで及ぶ。

大乗仏教の思想は、『中論頌』の空の解釈を前提として展開されていく。その思想は、弟子のアーリヤデーヴァ、さらにバーヴィヴェーカやチャンドラキールティへと受け継がれ、中観派というグループが形成される。三論宗（P111）もこのグルールのひとつ。

ヨーガによる瑜伽行唯識派

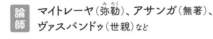

論師　マイトレーヤ（弥勒）、アサンガ（無著）、ヴァスバンドゥ（世親）など

空の思想が継承されるなかで、古くから伝わる修行法であるヨーガ（瑜伽）を実践し、思想を形成するグループが生まれた。
その思想が唯識思想である。あらゆるものを、「心がつくり出した」と考えるグループは、瑜伽行唯識派と呼ばれる。日本には法相宗（P119）として伝わった。

如来を内に宿す如来蔵思想

論師　不明

唯識思想と平行し、悟りの根拠を探求する思想も登場した。これが如来蔵思想である（P84）。誰もがブッダになれる可能性を宿していると考える「一切衆生悉有仏性（P147）」はこの思想を代表する経文。中国や日本の仏教思想に大きな影響を与えた。

あらゆるものごとは「空」だと見抜く

般若経

どんなお経? ▶ **神秘の力で智慧の完成を説く**

般若経の正式名称は『般若波羅蜜（多）経』。般若とは智慧、波羅蜜（多）とは完成を意味します。完成は到彼岸ともいわれ、悟りの岸（彼岸）に渡ること、つまり修行の完成です。智慧を完成させることにより悟りが得られると説きます。

いつ成立? ▶ **紀元前1世紀頃に原始般若経が成立**

般若経は個別の経典ではなく、般若波羅蜜について説く経典類の総称。最初期の経典は紀元前1世紀から紀元後2世紀に誕生したとされます。そこから肉づけされたり、そぎ落とされたりして40以上の経典が存在しています。

ポイントは? ▶ **大乗仏教の根本思想「空」の理解と実践**

般若経の特徴は、あらゆるものの実在を否定する「空」の主張で、大乗仏教に大きな影響を与えています。

❶ 菩薩乗がもっとも優れた修行法

声聞乗、独覚乗よりも誰でもブッダになれる菩薩乗が優れていると説き（P91）、六波羅蜜の実践が勧奨されます。

❷ 六波羅蜜で「空」を実践する

布施・持戒・忍辱・精進・禅定・智慧の6つが完成することで空を理解することができます。

❸ お経自体に功徳がある

般若経では、経典を讃えることが説かれます。なぜなら、説かれている教えをお釈迦様そのものと考えるからです。つまり、般若経を讃えることはお釈迦様を讃えることになるのです。読経にも功徳があり、神秘的な力があるといわれます。

教えのエッセンス
『般若心経』

般若経典のエッセンスを漢字262文字におさめた般若心経は、日本でもっともポピュラーなお経。漢訳をした玄奘（げんじょう・P109）は、鬼に襲われた際に般若心経の読誦（どくじゅ）で退散させたと伝えられる。

ギャーテーは
神秘の呪文

般若心経の末尾のギャーテー以下は音写。マントラと呼ばれ、そのまま口にすることで功徳があると考えられ、意訳されなかった。

六波羅蜜で「空」を実践

六波羅蜜は大乗仏教における菩薩の修行法。波羅蜜（パラミータの音写）は、彼岸に渡る（到彼岸）の意。日常のなかで誰でも行える布施・持戒・忍辱・精進・禅定、そして智慧（般若）の完成を目指す。

到彼岸

彼岸（ひがん）
仏陀がいる悟りの世界

❻ 般若波羅蜜（はんにゃはらみつ）
智慧の完成。悟りへの到達。

慧学（えがく）（P64）

「三学」における慧学にあたる。

此岸（しがん）
私たちがいまいる迷いの世界

❶ 布施波羅蜜（ふせはらみつ）
ほかの衆生に惜しみなく施す。

❷ 持戒波羅蜜（じかいはらみつ）
身口意の悪業を抑え、戒律を守る。

❺ 禅定波羅蜜（ぜんじょうはらみつ）
精神の統一をはかり瞑想を深める。

戒学（かいがく）（P64）

❸ 忍辱波羅蜜（にんにくはらみつ）
修行を妨害されても耐え忍ぶ。

❹ 精進波羅蜜（しょうじんはらみつ）
いかなるときも努力し修行に邁進。

+

定学（じょうがく）（P64）

日常生活のなかで六波羅蜜を実践していく！

❶〜❹は三学でいう「戒学」、❺は「定学」にあたり、これらをもってして般若波羅蜜は完成する。

永遠の生命で、救済を続ける仏を説く
法華経
（ほけきょう）

どんなお経？ 「諸経の王」と呼ばれるほど信仰された

法華経は正式には『妙法蓮華経（みょうほうれんげきょう）』といい、蓮華のように清浄な仏教の真理という意味の経典です。宗教性豊かでドラマチックな経典とされ、中国や日本など東アジアの仏教圏で多くの信仰を集め、「諸経の王」と称されるほど。

いつ成立？ 1～2世紀に成立、日本仏教に影響

『般若経』から50～150年ほど遅れて成立したと考えられています。日本への伝来も早く、聖徳太子が『法華経』の注釈書を著しているほか、最澄は『法華経』を最重要経典とし、比叡山で学んだ多くの僧侶に影響を与えました。

ポイントは？ 誰もがブッダになれると説いた

『法華経』が多くの人々をひきつけたのは、すべての人がブッダになれるという革新的な教えを説いたからでしょう。

❶ 三乗を撤廃し、一仏乗に統一

『法華経』は三乗（さんじょう）（P91）は方便であり、それらはあらゆる衆生が悟りを得る一仏乗（いちぶつじょう）に帰すると主張します。

❷ 『法華経』そのものが供養の対象

『法華経』への帰依により、悟りに近づけたり、現世利益を得られたりするなど、経典自体に力があると説かれます。

❸ お釈迦様は永遠という「久遠実成（くおんじつじょう）」の思想

『法華経』はお釈迦様が語る形式をとりますが、そのお釈迦様ははるか過去に悟りを開き、それからずっと娑婆世界（しゃばせかい）で人々に説法してきたとされます。80歳での入滅も人々を導くための方便であり、本体としてのお釈迦様は永遠の存在と考えます。

救済の巧みな方法
「方便」

サンスクリット語「ウパーヤ」が原語。衆生を救済するための巧みな方法のこと。『般若経』では悟りに近づくための方法として般若波羅蜜の実践が推奨（P97）された。法華経では仏が真実を明かすまでの仮手段を指す。

三乗方便、一乗真実の「三車火宅」

燃え盛る家は
三界（**P48**）の
たとえ。

子どもたち
は衆生のた
とえ。

火災から救うために！

長者の家には数十人の子ども
たちが住んでいた。あるとき
火事になり、火が襲ってきたが
子どもたちは火災に気づかない。
長者は子どもを外に連れ出す
ために、こう言った。

お前たちの大好きな
羊の車、鹿の車、
牛の車が
門の外にあるぞ！

三乗

羊の車

声聞乗のたとえ

お釈迦様の教えを聞いて、阿羅
漢になるための方法（**P90**）。

鹿の車

独覚乗のたとえ

縁覚乗。師をもたずひとり学び、
悟りを開くための方法（**P90**）。

牛の車

菩薩乗のたとえ

大乗仏教の修行により、悟りを開
き、ブッダを目指す方法（**P91**）。

方便

一乗（一仏乗）

本意は一仏乗を伝えるため

子どもが外に出ると、そ
こにあるのは立派な大
きい白い牛車だった。
長者とはお釈迦様のた
とえ。３つの車は子ど
も（衆生）を救う方便。
本意は大白牛車（一仏
乗）であることを示す。

大白牛車

無限に広がる陽光のような仏の世界
華厳経

どんなお経？ ▶ **毘盧遮那仏について説いた教え**

『華厳経』は正式名を『大方広仏華厳経』といい、毘盧遮那仏について説かれた経典です。毘盧遮那とは太陽を意味するサンスクリット語ヴァイローチャナの音写で、太陽を神格化したブッダが毘盧遮那仏。奈良の東大寺の大仏はこの仏様です。

いつ成立？ ▶ **4世紀中ごろに200年間かけて完成**

『華厳経』はひとつの完成した経典ではなく、いくつかの独立した経典がひとつにまとめられたオムニバス。原型となる経典は2世紀頃に誕生し、次第に関連する経典類が生み出され、4世紀頃に『華厳経』として完成したようです。

ポイントは？ ▶ **無限の蓮華蔵世界を説く**

毘盧遮那仏が司るのが蓮華蔵世界。ひとつの蓮華蔵世界を中心に無限の蓮華蔵世界が広がり、広大無辺の世界観を示します。

❶ 奈良仏教で重視された

世界のすべてが毘盧遮那仏に集約されるのが、中央集権国家を目指した奈良時代の日本に適合し、権威をもちました。

❷ やがて密教に引き継がれる

宇宙には無数の蓮華蔵世界があり、その数だけブッダが存在します。無数のブッダは、毘盧遮那仏に集約されます。これは密教に継承されます。密教の本尊・大日如来のサンスクリット語はマハーヴァイローチャナ、つまり毘盧遮那仏と同じ太陽を神格化した仏です。大日如来を宇宙そのものと捉えるなど、密教には『華厳経』の思想の影響が見られます。

悟りの階段をのぼる
「十地品」

菩薩の修行の10段階が「歓喜地」から「法雲地」まで体系的に説かれている。のちの大乗仏教の教理に大きな影響を与えた。

善財童子が活躍
「入法界品」

善財童子が文殊菩薩に促され、求道の旅に出る。修行者、長者、王、少年少女、外道、漁師、遊女など53人の善知識（善友）を訪ね、悟りを得る。
➡ここから東海道五十三次（53か所の宿駅）が生まれたといわれている。

慈悲が衆生を救う
「性起品」

如来の出現の意義を十相で示し、慈悲の働きが衆生を救う。のちの如来蔵思想に影響を与えた。

『華厳経』の教主・毘盧遮那仏が表すもの

お釈迦様も
毘盧遮那仏の
ひとつの表象

個

一

小

始まりが
終わりであり、
終わりが
始まりである

ユニバーサルブッダ
毘盧遮那仏

イコール

全体

全体（大・多）は
個（小・一）で
あり、個は
全体である

ものごとも
できごとも時間も
すべてかかわり
あっている

大

多

イコール

すべては自分であり、
自分の心の表れである

楽しさ 嬉しさ

怒り

悲しみ

「私」が見ることに
より見えている世
界が出現する。縁
起的な世界である。

小

個

一

極楽浄土にいる阿弥陀如来への信仰
浄土三部経
じょう ど さん ぶ きょう

どんなお経？ 極楽に行くための３つのお経

　阿弥陀如来が司る極楽浄土とそこに行く（往生する）方法を説いた３つの経典、『無量寿経』、『観無量寿経』、『阿弥陀経』を浄土三部経と総称します。古来よりこの三経は阿弥陀仏信仰の中心とされ、重層的に解釈されてきました。

いつ成立？ 阿弥陀如来は１〜２世紀頃に登場

　『無量寿経』『阿弥陀経』は『法華経』と同時期にインドで成立したと考えられ、『観無量寿経』は中央アジアで成立した可能性が指摘されます。インドでは１世紀頃に阿弥陀如来信仰が発生し、最古の大乗思想のひとつとされます。

ポイントは？ 過去ではなく未来に希望を見出した

　阿弥陀如来は、個々人の死後の救済を担う仏として、現世で苦しむ人が死後の希望をもてる信仰を生み出しました。

❶ 阿弥陀如来を信仰するのが基本

　極楽浄土に往生したい人に求められるのは、阿弥陀如来への崇拝です。心から崇拝すれば迎え入れられると説きます。

❷ さまざまな人々を対象とする

　極楽への往生は、大乗の菩薩も、出家修行者も、在家も、それぞれの立場で可能とされます。

❸ いま苦しんでいる人々を救う教え

　阿弥陀如来の救済を説く浄土教においては、仏教に触れられない人や苦しみにあえぐ人が救いの対象であると説かれています。現世で悟りを目指す仏教ではなく、苦しみからの救済を目指す仏教に人々は惹かれました。

無量の光の仏様
「阿弥陀如来」
あ み だ にょ らい

サンスクリット語のアミターバ（無量光仏）、アミターユス（無量寿仏）の音写。無量の光の仏で西方にある極楽浄土を主宰する。

阿弥陀様の
菩薩時代
「法蔵菩薩」
ほう ぞう ぼ さつ

阿弥陀如来の菩薩時代の名前。世自在王仏に帰依し、四十八の誓願を立てた。その十八番目の誓願が「阿弥陀仏の名前をとなえた衆生を極楽浄土に往生させよう」というもの。

浄土三部経に表れる浄土の思想

大乗の理念を提示する
『無量寿経』

法蔵菩薩が四十八の誓願を述べ、修行をして極楽浄土の無量寿仏（阿弥陀如来）となる。極楽浄土に往生を遂げたいと願うなら、阿弥陀如来を心から念ずることを説く。

法蔵菩薩

阿弥陀如来

極楽浄土の世界を描写
『阿弥陀経』

阿弥陀如来と極楽浄土の世界を描写。往生するための方法として、教えに思いを募らせ、阿弥陀如来の名前をとなえることを説く。

極楽世界に往生する方法を示す
『観無量寿経』

『観経』とも。精神を集中させ、西に沈む太陽を見たり、水に意識を集中させたり、極楽世界を具体的に想像したり、往生する人々を知るなどの16の観想方法（観法）が書かれている。

「王舎城（おうしゃじょう）」の物語から始まるお経
王舎城のアジャータサットウ（阿闍世（あじゃせ））太子は悪友のデーヴァダッタ（提婆達多（だいばだった））にそそのかされ、父ビンビサーラ王（頻婆娑羅（びんばしゃら））を幽閉する。王を助けようと母ヴァイデーヒー（韋提希夫人（いだいけぶにん））がひそかに食べものを運ぶが、太子に見つかり、母も幽閉。夫人のもとにお釈迦様が来て、極楽世界、阿弥陀如来、観音・勢至菩薩を観想する方法を説く。

誰にでも仏になる性質がある
大般涅槃経
（だい・はつ・ね・はん・ぎょう）

どんなお経？ ▶ **上座部経典と違い、釈尊不死を説く**

お釈迦様の入滅について説かれた『涅槃経』は上座部仏教系統と大乗仏教系統（大般涅槃経）の2種が存在します。前者は人間・釈尊の最期が描かれますが、後者はお釈迦様はじつは亡くなっていない、永遠に存在すると説きます。

いつ成立？ ▶ **中期大乗経典、『法華経』の影響大**

『大般涅槃経』はいくつかの段階を経て、4世紀までに成立したと考えられます。思想的には、お釈迦様を永遠の存在（如来常住）と説き、『法華経』の久遠実成の釈迦という考え方の影響が見られ、大乗仏教の変遷がうかがえます。

ポイントは？ ▶ **遺骨から仏性へブッダの普遍性が変化**

初期仏教ではお釈迦様の遺骨が崇拝の対象になりましたが、『大般涅槃経』ではブッダは各自の内部にいると説かれます。

❶ 如来は永遠に存在する

無限の過去から無限の未来まで永遠に存在するブッダ（如来）は、生身の肉体をもつのではなく、真理そのものだと説かれます。そして、衆生の生まれながらの特質（無常・苦・無我・不浄）と正反対の性質（常・楽・我・浄）をもちます。

❷ 一切の衆生には仏性がある

もうひとつの特徴は「一切衆生悉有仏性（P147）」。私たちのなかには仏性（仏となる本性）があるという意味。私たちはみんな生まれながらに、ブッダになれる可能性をもっていますが、それが煩悩に覆い隠されているのです。誰しも条件さえ整えば、悟りを開くことができるという教えです。

大乗仏教における徳
「常・楽・我・浄」

部派仏教（上座部仏教）でお釈迦様が説いた「無常・苦・無我・不浄」について、じつはその逆の常・楽・我・浄こそが仏陀や菩薩に備わっている徳だとする大乗仏教の考え方。

無常 ⟷ 常

苦 ⟷ 楽

無我 ⟷ 我

不浄 ⟷ 浄

常は常住不変、楽は苦から離れた状態、我はとらわれのない自分、浄は迷いのない清浄な状態を指す。

『大般涅槃経』に到るブッダの位置づけの変化

大乗仏教前期

外在するブッダ

『般若経』 『法華経』

ブッダ

修行で仏になる
六波羅蜜を実践する
菩薩行により、悟り
を得てブッダになる。

『華厳経』
ブッダ

世界に仏が満ちている
宇宙の真理・毘盧遮那仏が無限に世界
に偏在している。

浄土三部経

ブッダ
阿弥陀如来

阿弥陀如来を
想えばいい

阿弥陀如来の名
号をとなえ、観想
すればブッダの
ところへ行ける。

大乗仏教中期

内在する仏陀

NEW!

『大般涅槃経』

ブッダ

仏はすでに
自分の
内側にいる

ブッダは自分の内
側に宿っている。
ブッダと自分とは
同じ人格である。

如来蔵思想へ
ブッダとなる種子を宿していると考える。また、大
乗仏教後期の密教へとつながっていく。

江戸時代から始まった

本山末寺と寺請制度

キリスト教勢力を おさえるためにもうけた制度

日本で仏教による葬祭や先祖供養が一般化した要因に、江戸幕府の寺請制度があります。庶民が特定の寺院に所属することを条件にキリシタンではないことを示す寺請証文を発行するもの。寺請証文とは幕府が義務化したIDで、この制度は現在でいう戸籍管理で、幕府のキリスト教弾圧政策の一環でした。

寺請制度導入は1635年からキリシタンの一揆・島原の乱が終結する1638年頃までかけて行われました。

信長、秀吉の苦労を見て、 仏教の有効利用を考えた

織田信長の時代はキリスト教の布教を促しながら、比叡山や本願寺の仏教勢力を武力で押さえつけました。その後豊臣秀吉の時代になると、寺院所領を幕府が没収、改めて寄進するという方法で仏教をコントロールしました。

徳川家康にとっても宗教政策は大きな課題でした。江戸幕府は本末制度をとり入れ、寺院を支配下に置きました。さらにこのしくみを利用し、人々を統治しました。

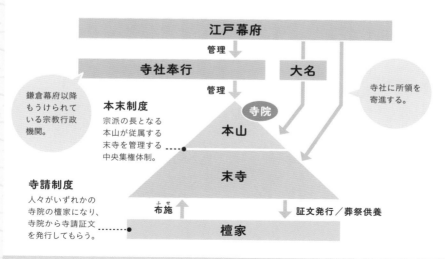

江戸幕府

管理

寺社奉行 ← 管理 → 大名

本末制度
宗派の長となる
本山が従属する
末寺を管理する
中央集権体制。

鎌倉幕府以降もうけられている宗教行政機関。

寺社に所領を寄進する。

寺院

本山

末寺

寺請制度
人々がいずれかの寺院の檀家になり、寺院から寺請証文を発行してもらう。

布施

証文発行／葬祭供養

檀家

Part 4

日本人の
精神文化を変えた

日本仏教

日本仏教のルーツは中国仏教。経典輸入&研究を経て宗派が誕生

インド発祥の仏教は中国に伝わり、翻訳と研究が重ねられていきます。
経典や論書を学ぶ人たちにより、やがて宗派が形成されました。

仏教伝来 紀元前後にシルクロードを通じて中国へ

仏教はインドからシルクロードを経由して中国に伝来しました。その道を往来する商人や旅人が、仏教文化を伝えたのでしょう。中国への伝来時期は紀元前後、遅くとも後漢の明帝の時代（57〜75）には伝わっていたようです。

皇帝が仏教を信仰（仏像崇拝）した最初の記録は、後漢の桓帝（146〜168）。

しかし、当時の中国はまだ儒教の影響力が圧倒的。時代の変化にともなう社会不安のなかで、異国の宗教・仏教にすがる人が徐々に増えていきました。

後漢明帝の霊夢伝説

夢で金人（黄金像）を見た明帝が、金人＝仏像との助言をもとに仏教招来。

金人が宮殿前に飛んできた夢を見たぞ

金人

明帝

それは天竺の仏です!

天竺とはインドのことを指す。明帝は仏教を招き入れようと使者を天竺国に派遣。後に、仏像や経典とともにふたりの僧侶が洛陽に招かれたという。

訳経家　経典の翻訳と吟味が進み、中国仏教が発展

中国に伝来する経典はすべて異国語で書かれたものですから、当然、中国語に翻訳する必要があります。翻訳とは、原典の一つひとつの言葉を解釈・吟味し、他の言語に当てはめていく作業。そのため、翻訳者（中国の漢語に訳する人を訳経家という）には、語学力だけでなく、深く仏教を理解する能力が求められました。

中国に仏教が伝来した最初期から約600年にわたり、傑出した訳経家たちがあらわれ、中国仏教は異国の宗教から自国の宗教へと発展していきました。

中国仏教の偉大な訳経家たち

インドや中央アジア出身が多かった訳経家も次第に中国出身者に。

漢〜晋（仏教最初期）

安世高（あんせいこう）
部派仏教が盛んだった安息国（あんそくこく）の太子。後漢末、桓帝（かんてい）の時代に洛陽へ。禅定の経典を翻訳する。
おもな経典　『大安般守意経（だいあんばんしゅいきょう）』など

支婁迦讖（しるかせん）
中央アジアの大月氏国（だいげっし）出身。後漢の桓帝の時代に洛陽へ。大乗仏教の経典を翻訳する。
おもな経典　『道行般若経（どうぎょうはんにゃきょう）』など

支謙（しけん）
祖父が大月氏から中国に帰化した在家信者。6か国語に通じた。支婁迦讖の弟子に学ぶ。
おもな経典　『維摩経（ゆいまきょう）』『大阿弥陀経』『法句経（ほっくぎょう）』など

竺法護（じくほうご）
代々敦煌（とんこう）に住む月氏末裔。幼少期に出家し、西域遍歴を経て、西晋武帝代、数々の大乗経典を翻訳する。
おもな経典　『般若経（はんにゃきょう）』『法華経（ほけきょう）』『賢劫経（げんごうきょう）』など

晋

鳩摩羅什（くまらじゅう）（344〜413）
父はインド人、母は亀茲国（きじこく）（ウイグル自治区）の王女。7歳で出家、後秦の時代に長安へ。中観思想（ちゅうがんしそう）に関する経典を訳し、三論宗（さんろんしゅう）の祖とされる。
おもな経典　『法華経』『維摩経』『中論（ちゅうろん）』など

南北朝

真諦（しんだい）（499〜569）
西インド出身。梁の武帝に招かれ広州へ。社会的に混乱した時代のなかで、流浪しながら学問的に正確な翻訳を行った。
おもな経典　『摂大乗論（しょうだいじょうろん）』『倶舎釈論（くしゃしゃくろん）』など

唐

玄奘（げんじょう）（602〜664）
幼くして出家。『瑜伽師地論（ゆがしじろん）』を求め、国禁を破りインドへ。1338巻もの経典を翻訳。西遊記の物語でも有名。
おもな経典　『大般若経』『瑜伽師地論（ゆがしじろん）』『大毘婆沙論（だいびばしゃろん）』『成唯識論（じょうゆいしきろん）』など

順番がバラバラな経典を体系づけ、宗派が生まれる

インドで成立した順番とは異なる順に、中国に伝来した経典が、翻訳されるなかで、「これは禅についての経典」「これは極楽浄土についての経典」と、主題ごとの分類が行われました。

その分類された経典類を読解していくと、たとえば、極楽浄土の阿弥陀如来の教えはこうした構造になっているのだと、ひとつの経典だけでは把握しきれなかった教えの全体像が見えてきます。

そして、その主題ごとに学びを深めよ

うとする僧侶たちの集まりが、宗派となっていきました。

宗派と聞くと多くの人がイメージするのは、それぞれが独立して存在するいまの日本仏教の宗派ではないでしょうか。しかし、当時の中国の宗派は、独立した組織ではなく、いわば専門分野に分かれた学派のようなものでした。

このように主題ごとに教えが体系化され、精緻に研究されたのが、中国仏教の特徴といえるでしょう。

老荘思想の中国仏教への影響

中国古来の道教と結びつき、仏教は普及・定着していきます。

鳩摩羅什（くまらじゅう）以降の訳語

鳩摩羅什以前の老荘思想の術語を用いた訳語

鳩摩羅什以降の訳語		鳩摩羅什以前の老荘思想の術語を用いた訳語	
菩提（ぼだい）	悟りの智慧。	道（どう）	タオ。根源的世界の真実。天地万物が生じる働き。
涅槃（ねはん）	悟りによる心のやすらぎ。	無為	作為がなく自然であること。
空（くう）	すべてに実体がないこと（P92）。	無	有無の対立を超えた絶対的な無。

鳩摩羅什以前の初期中国仏教の民族宗教「道教」、老荘思想（老子・荘子の思想）をベースに経典が漢訳された。仏教の理解、思想の展開に、道教は多大な影響を与えている。

日本仏教にも影響！ おもな中国仏教

現在の日本の各宗派は、ほぼその源流を中国にたどることができます。

🪷 三論宗 🪷

龍樹の『中論』『十二門論』と聖提婆の『百論』の三論を研究する宗派。鳩摩羅什が開祖とされる。正しい智慧により、とらわれのない心であらゆるものを観ること（無得正観）を目指す。

🪷 三階教 🪷

信行が開祖。素質・能力の違いで三段階の仏法を説く。仏・法・僧・衆生を真実として受け入れる。しかし教義に根拠がなく、開祖が神格化されている点が批判された。国家からも弾圧。

🪷 律宗 🪷

戒律を求め、研究し、実践する宗派。
とくに『四分律』という戒律が研究される。道宣により大成され、日本へは鑑真（P121）が伝える。

🪷 禅宗 🪷

菩提達磨を初祖とする宗派。禅の実践を重視する。インドでは戒・定・慧を併せて修めるのが修行の基本だったが、禅宗は、禅に専念することで悟りに到るという独自の思想を展開。すべての動作・行為に仏の心があらわれると考え、自給自足にもとづく僧院生活を送る。

🪷 天台宗 🪷

天台大師・智顗を開祖とする。智顗のもとに集まった弟子たちにより天台宗が形成。智顗は諸経典の浅深や優劣、関係性を解明する教相判釈を行い、『法華経』をもっとも重要な経典とした。円融三諦、一心三観、十界互具、一念三千などの教えが説かれ、日本の天台宗にも伝わっている。

🪷 華厳宗 🪷

『華厳経』を研究、拠り所とする。地論宗、摂論宗の影響を強く受けているとされる。華厳宗では「法界縁起」という縁起観をベースとし、あらゆる存在・現象は相互に関係しあい、しかも無限に連なっていると考える。毘盧遮那仏を本尊とする。日本にも伝来し、東大寺の大仏が造立された。

🪷 浄土教 🪷

6〜7世紀、末法思想と現実社会の荒廃がリンクし、人々が厭世的になるなか、来世の救済を説く浄土教が盛んになっていった。曇鸞、道綽、善導らが中国浄土教の大成者として知られるが、なかでも善導は称名念仏こそが極楽往生のための実践法であると論じ、日本の法然に多大なる影響を与えた。

🪷 法相宗 🪷

玄奘の高弟・基（慈恩大師）を開祖とし、『解深密経』『瑜伽師地論』を拠り所とする。玄奘と基が編纂した『成唯識論』も重要な注釈書として位置づけられる。法相宗では、あらゆる存在・現象は心（識）の作用であると考える。そのあり方を分析し現象世界（法相）を明らかにしようとした。

🪷 密教 🪷

7世紀に入り、インドから伝来。玄宗皇帝時代に、ともにインド出身の善無畏が『大日経』、金剛智が『金剛頂瑜伽中略出念誦経』を漢訳し、大きな足跡を残した。その他、一行、不空、恵果らが密教を発展させた。恵果は日本から留学してきた空海の素質を見抜き、密教を伝授した。

官主導で日本へ導入。
土着信仰と融合していった

中国から百済（朝鮮半島）を経由して日本に伝来した仏教。
当初は外国の宗教として批判されるも、徐々に受け入れられました。

仏教公伝 ブッダは神様と同じ扱いで受け入れられた

仏教の公式の伝来は538年とする説と552年とする説があり、特定はされていません。いずれにしても欽明天皇の御世に伝来したとされています。

伝来当時、日本人は深い仏教教理の理解があったわけではなく、神様の一種として仏像を崇めていました。有力な氏族は、それぞれ氏神と呼ばれる神様をまつっていたのですが、仏教の仏様は外国から来た蕃神として受け止められたのです。蕃神を受け入れるべきか否かで激しい政治対立も生まれました。

物部氏VS蘇我氏の崇仏論争

仏教受容にあたっては激しい論争が。決着までに数十年かかりました。

物部氏（もののべし）

排仏派
蕃神（あだしくにのかみ）を崇めれば国津神（くにつかみ）の怒りをかう！

VS

崇仏派
ブッダをまつり、権威を得て渡来人とともに政治の中枢に！

蘇我氏（そがし）

朝廷 ▶ 蘇我氏が私的に仏像をまつることを許す。

疫病が流行！ 国神の祟りに違いない！

朝廷 ▶ 物部氏が仏像を川に捨て、寺を燃やすことを許す。

宮中に災厄！ ブッダの祟りなのでは……。

結果 蘇我氏が勝利。6世紀後半、蘇我馬子の時代に仏教が認められる。

聖徳太子の5つの仏教トピックス

日本に仏教を定着させたのが聖徳太子。深く仏教を理解した仏教徒でした。

Topic 1
三宝興隆の詔
さんぼうこうりゅうのみことのり

三宝（仏法僧）を盛り上げ、仏教を受け入れることを国の方針とした。蘇我氏の法興寺建立にちなみ、ほかの族長が氏寺を建立。これにより寺院数が急増。

Topic 2
三経義疏の撰述
さんぎょうぎしょ

日本初の経典の解説書『法華義疏〔ほっけぎしょ〕』『維摩経義疏〔ゆいまきょうぎしょ〕』『勝鬘経義疏〔しょうまんきょうぎしょ〕』を執筆し、仏教への理解を示す（執筆についての真偽は定かではない）。

Topic 3
冠位十二階の制定

徳・仁・礼・信・義・智を大小に分け12階とし、紫・青・赤・黄・白・黒の色の冠を用意。身分ではなく実力評価で昇進させる制度をもうけた。

Topic 4
十七条憲法の制定

朝廷内の豪族の規範を制定。第2条に「あつく三宝（仏法僧）を敬え」という文言。

Topic 5
遣隋使の派遣
けんずいし

中国に使節を派遣。優秀な人材を送り、国家交流をもつ。さらに技術者や仏教者を日本に招き入れた。

聖徳太子及び二王子像の絵は、後世信仰対象としても奉られた。

聖徳太子 仏教思想にもとづいた政策で仏教を国の基盤に

推古天皇（すいこてんのう）のもと、政治の責任者であった聖徳太子（厩戸皇子〔うまやどのおうじ〕）は、仏教を国教として、国家統治の基本思想に採用。三宝興隆の詔は仏法僧を興隆させることを国是（こくぜ）として表明したものです。

十七条憲法の第2条には「あつく三宝を敬え」と定め、豪族に対して仏教への帰依を推奨しました。

聖徳太子の数々の事績からは、それまでの蕃神信仰とは異なり、中国仏教を背景としながら、日本独自の仏教理解が進んでいったことがわかります。

聖武天皇の時代に
国家仏教が展開

　奈良時代になると、仏教は国の安寧を祈る鎮護国家を期待されるようになります。とくに聖武天皇（701〜756）の時代には、社会不安が増幅するなかで、国家政策として鎮護国家仏教に力が注がれました。まず、741年、日本各地に国分寺・国分尼寺を建立する詔が発布されます。これは中央集権的な国家体制が整備されていたことの証左でもあります。

　743年に東大寺に盧舎那仏の大仏像（P192）を建立する詔が発布。東大寺を頂点とした国家仏教体制が完成しました。

民間への布教、
社会事業にとり組む

　国家仏教として整備されるなかで、僧侶の管理も厳格化。僧尼令という法律で僧侶の活動は鎮護国家と学問に限定され、寺院の外に出ることも容易ではなくなっていました。しかし、制限されたなかで、寺院から飛び出し活動する僧侶も。代表的存在が行基（668〜749）。民間人に仏教を伝道するだけでなく、架橋、溜池の造成、水路開削など土木事業も手がけました。

　国家は行基を僧尼令に背くと批判しましたが、行基を信仰する民衆の存在は無視できず、大仏造立の勧進を依頼。寄付や労働力確保のうえで、行基の勧進効果は大きかったといわれます。

〖 国分寺による中央集権制度 〗

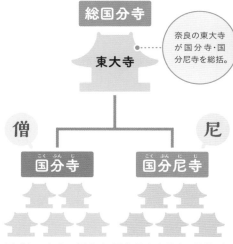

奈良の東大寺が国分寺・国分尼寺を総括。

国ごとに官立の国分寺・国分尼寺を建立。仏教が国家事業として五穀豊穣や除災、また天皇の徳によっておさめられる国家の実現を願った。

〖 聖と呼ばれた行基 〗

行基の技術と人徳で東大寺の大仏建立は成功した。その後も、貧民救済、土木事業など直接的に民に恩恵をもたらした。

受戒制度 ## 正式な受戒制度で僧侶・尼僧を確保

インドや中国では、正式に僧侶になるには具足戒（P67）を受けねばならず、その儀式には三師七証と呼ばれる10人の比丘（具足戒を受けた僧侶）が必要でした。

しかし、日本では仏教伝来から200年近く経っても、10人の比丘を完備できず、自誓受戒という簡便な方法をとらざるを得ませんでした。いわば日本仏教にとって正式な具足戒の受戒は悲願だったのです。そして、753年、中国から鑑真（P121）が来日し、正式な受戒制度が整えられました。

最初は神様のひとつ、次第に力をもつ

伝来当初は、既存の神々と同列の外来の神様として扱われていた仏様たち。仏様は呪力をもっていると考えられ、人々は仏様を拝むことで福をもたらす現世利益を求め、死者の魂が鎮まることを願っていました。

国家仏教として神祇信仰（P154）とは一線を画していくにつれ、仏様は国全体の平安を左右する強大な力をもつものに変容していきました。

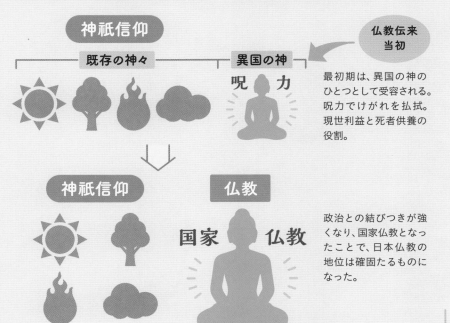

神祇信仰

既存の神々　　　**異国の神**　　　**仏教伝来当初**

呪　力

最初期は、異国の神のひとつとして受容される。呪力でけがれを払拭。現世利益と死者供養の役割。

神祇信仰　　　**仏教**

国家　仏教

政治との結びつきが強くなり、国家仏教となったことで、日本仏教の地位は確固たるものになった。

信仰の対象、教えのポイントの差異で13宗派が存在する

学派的宗派から、信仰集団としての宗派へと変容。
各宗派の成立過程からは、思想的なつながりや反発がうかがえます。

日本仏教13宗派の成立年代一覧

黄檗宗を除けば、現存する日本の宗派は平安〜鎌倉時代に誕生しています。

	710	794	1185
	飛鳥時代	奈良時代	平安時代

奈良仏教系

\538/ 仏教伝来

\662/ 法相宗（P119）

\740/ 華厳宗（P120）

\759/ 律宗（P121）

南都六宗のうち倶舎宗は法相宗に、成実宗は三論宗に吸収され江戸時代に消滅。学派仏教。

最澄

真言系

遣唐使だった最澄、空海がもち込んだ。学派としての性質も残していた。

\806/ 真言宗（P128）

天台系

\806/ 天台宗（P124）

空海

浄土系

平安後期に飢饉や戦乱に見舞われ末法思想が高まる。浄土信仰が広まり、念仏重視の宗派が登場。

\1124/ 融通念佛宗（P133）

\1175/ 法然　浄土宗（P134）

禅系

坐禅、公案を修行の中心に据えた禅宗が生まれる。茶道や建築などの文化にも多大な影響を与えた。

栄西

日蓮系

来世での幸福を願う浄土信仰に対抗し、日蓮による法華経を最重要視する宗派が登場。

[伝統仏教] ## 平安から鎌倉時代にかけて宗派が展開

奈良の平城京には、南都六宗と総称される法相宗・華厳宗・律宗・成実宗・三論宗・倶舎宗がありましたが、中国の宗派同様に学派的な意味合いが強いものでした。

桓武天皇が京都に遷都した要因のひとつには、奈良の仏教勢力から距離をとりたかったという事情があげられます。ある意味、平安時代は仏教刷新の時代でもあったのです。その担い手となったのが、最澄の天台宗、空海の真言宗でした。

そして、平安時代後期から鎌倉時代にかけて、新しい宗派が続々と誕生しました。おもに天台宗の比叡山で修行をした僧侶たちが、教えを選びとり、独立していきます。

それまでの学派的な宗派ではなく、個々に独立した組織を形成、教義の研究、やがて僧侶の育成をも担うようになります。

現代の日本に存在する伝統仏教の宗派は、ほぼこの時代に誕生しています。

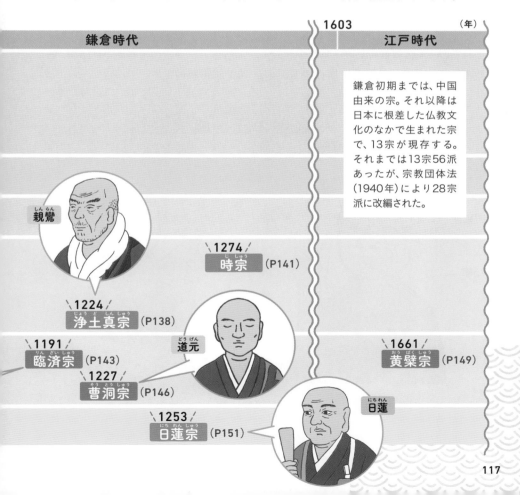

| 1603 | (年) |
| 鎌倉時代 | 江戸時代 |

鎌倉初期までは、中国由来の宗。それ以降は日本に根差した仏教文化のなかで生まれた宗で、13宗が現存する。それまでは13宗56派あったが、宗教団体法（1940年）により28宗派に改編された。

親鸞

\1274/
時宗（P141）

\1224/
浄土真宗（P138）

\1191/
臨済宗（P143）

道元

\1227/
曹洞宗（P146）

\1661/
黄檗宗（P149）

\1253/
日蓮宗（P151）

日蓮

法相宗、華厳宗、律宗の3学派が現在も残っている

奈良時代の仏教は中国仏教を踏襲した学派的な宗派が特色。
一般民衆への布教は行われず、教義研究がメインでした。

学派仏教 檀家制度をもたない3宗派

奈良時代の仏教は、基本的には中国大陸の仏教をそのまま受け継いでいます。公認された宗派は三論宗、法相宗、華厳宗、律宗、成実宗、倶舎宗の南都六宗。これらの宗派は教義研究の学派ともいうべきもので、ひとりの僧侶が複数の宗派の教えを学んだり、ひとつの寺院内に複数の宗派が存在したりすることもありました。

現在も残っているのは、法相宗、華厳宗、律宗の三宗派。奈良仏教は国家仏教として存在していたので檀家（P106）をもたないのも特徴です。

徳一VS最澄の三一権実諍論

平安時代初期に行われた、法相宗の徳一と天台宗の最澄との仏教宗論。

\ 学派系 /

法相宗
徳一

三乗説

瑜伽行派の教えにもとづき、悟れる人と悟れない人が存在すると説く。

VS

徳一の著作は存在しないため、この論争は、最澄側の書物を通じて、一乗を肯定するアンチテーゼとして紹介される。

New!!

天台宗
最澄

一乗説

『法華経（P98）』の教えにもとづき、どのような人も悟りを得ることができると説く。

13宗派 1

インド由来の唯識教学を研究
法相宗

いつ成立？ ▶ **始まりは三蔵法師玄奘**

　三蔵法師・玄奘がインドから持ち帰った唯識思想が法相宗のベース。玄奘とその高弟・基（慈恩大師）により形成されました。

どんな歴史？ **日本で現存最古の宗派**

　7世紀半ば、中国に渡った留学僧・道昭が玄奘から直接学び、法相宗が日本に伝えられました。道昭は飛鳥寺での布教や薬師寺開創のほか、社会事業にも積極的にたずさわったと伝えられます。

どんな教え？ **すべては心がつくり出したもの**

　あらゆるものは心がつくり出すと考えます。私たちは外部の存在を眼識、耳識、鼻識、舌識、身識、意識という6つの認識により確認しますが、唯識の思想では、認識のみが実在だと考えます。また、深層意識として阿頼耶識を設定し、さらに移り変わる阿頼耶識を不変の自我と錯覚してしまう心（末那識）の存在を認めます。

本山
薬師寺・興福寺（奈良市）

道昭が布教活動をした元興寺（飛鳥寺）は、興福寺に吸収。薬師寺は道昭が創建にたずさわっている。

本尊
唯識曼荼羅／弥勒菩薩

宗派としての定めはとくにないが、中央に弥勒菩薩、周囲にインド・中国・日本の祖師が並ぶ曼荼羅（まんだら）を大切にする。

八識の関係

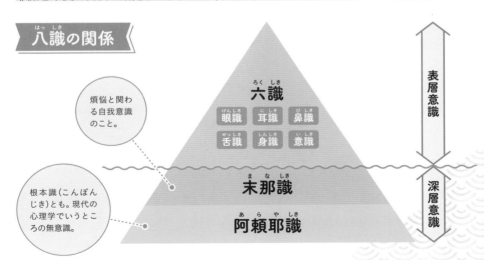

煩悩と関わる自我意識のこと。

根本識（こんぽんじき）とも。現代の心理学でいうところの無意識。

六識

眼識　耳識　鼻識
舌識　身識　意識

末那識

阿頼耶識

表層意識

深層意識

華厳教学を研究する学派
華厳宗

いつ成立? ▶ **華厳経を拠りどころとして成立**

インドから中国に伝えられた『華厳経』を研究する学派。すべては互いに影響しあい、調和した秩序が生まれると説かれます。

どんな歴史? ▶ **華厳経の教えで大仏建立**

すべてが調和した清浄な世界である蓮華蔵世界と、そこに君臨する毘盧遮那仏（P192）を信仰します。東大寺の大仏造立は、飢饉・動乱が続く社会の安定のため、一大国家プロジェクトでした。

どんな教え? ▶ **悟りが実現した世界を求める**

国分寺建設や大仏造立は中国の則天武后の政策がモデルになっているといわれます。則天武后は自らの統治を権威づけるため、『華厳経』にもとづき全国各地に寺院を建立。悟りが実現した世界を描く『華厳経』は、現実社会の平安を願う拠りどころであり、統治の正統性の根拠として、統治者をひきつけたのでしょう。

本山

東大寺
（奈良市）

華厳宗の本山としてだけではなく、総国分寺として全国の国分寺をとりまとめるシンボル。

本尊

盧舎那仏

聖武天皇の時代に「盧舎那仏造立の詔」が発布。法相の教えを学んだ行基のもと、国家事業として行われた。

▶ **良弁の伝説**

宗祖である良弁は、幼い頃にワシに連れ去られ、東大寺の二月堂の杉の大木に運ばれたという伝説がある。「良弁杉由来」は歌舞伎や文楽の題材となり、現代にも語り継がれている。

良弁杉として大切にされている。

13宗派 3

戒律を伝えた鑑真の思いを継承する
律宗
りっしゅう

いつ成立？ ▶ 唐代に戒律の学派として登場

仏教では戒・定・慧の三学を修めることを修行の基本としますが、そのうちの戒律を研究する学派として律宗が生まれました。

どんな歴史？ ▶ 鑑真が日本に戒律を伝えた

日本では仏教伝来以来、三師七証という10人の比丘の立ちあいによる正式な受戒が行われていませんでした。聖武天皇は勅命により中国に僧侶を派遣、戒律の大家・鑑真を招請しました。

どんな教え？ ▶ 戒律の聖典『四分律』の研究と実践

鑑真により律宗が日本に伝えられ、唐招提寺を拠点として戒律研究が進められます。とくに『四分律』が重視され、その実践によって悟りが目指されました。

実践の姿勢は、三聚浄戒（すべての戒律を守る、あらゆる善いことを行う、生きとし生けるものを救う）としてまとめられます。

本山
唐招提寺
とうしょうだいじ
（奈良市）

鑑真が東大寺で5年過ごした後、759年に戒律を学ぶ道場として創建。井上靖の小説『天平の甍（いらか）』の題材でも有名。

本尊
盧舎那仏
るしゃなぶつ

律宗の本尊に定めはないが、唐招提寺は『梵網経（ぼんもうきょう）』（P192）にもとづく盧舎那仏をまつっている。

鑑真和上
がんじんわじょう

中国揚州生まれ。南山律宗の継承者。遣唐僧の栄叡らから懇願され、僧侶に位を与える伝戒師として戒律を伝えるために日本へ渡航。僧侶のみならず聖武天皇には在家者向けの大乗菩薩戒も授けている。

> 5回の渡航失敗。失明までしても諦めず6回目で日本上陸に成功。

鎌倉以降の新仏教の源流がつくられた

奈良仏教と訣別をした桓武天皇からスタートする平安時代。
新たな仏教界の旗手として登場した二大巨星が最澄と空海でした。

日本仏教の二大巨星年表

同時期に遣唐使として最新の仏教を持ち帰ったふたりは、それぞれの道に。

年代	最澄	空海
767 （神護景雲元年）	近江国滋賀郡（現在の滋賀県）出身。渡来人の家系に生まれる。	
774 （宝亀5）		諸説あるが、国司の息子として讃岐国多度郡（現在の香川県）に誕生。
780 （宝亀11）	近江国分寺の行表を師として出家得度し、最澄の名を授かる。	
785 （延暦4）	19歳のとき東大寺で受戒。比叡山にこもる。「六根清浄の境地に達しなければ山を下りない」という願文を記す。	謎に満ちた幼少〜青年期
789 （延暦8）	エリート街道まっしぐら	15歳で、母方の叔父から学問を習い、大学へ。沙門との出会いから、虚空蔵求聞持法を学び山林修行者となる。正式な得度・受戒はせず、私度僧として修行や経典研究を続ける。

平安仏教　貴族の仏教から大衆の仏教への転換期だった

奈良仏教は鎮護国家が主目的であり、かつ学問としての仏教研究が盛んでした。布教により一般民衆の悩みを救うという感覚は薄く、貴族しか触れることができないエリート向け仏教でした。平安期の仏教は国家との結びつきは依然として強かったものの、僧侶が自らの修行に専念する潮流も生まれ、一般民衆も次第に教化の対象となっていきます。

これが後に「鎌倉新仏教」と呼ばれる大衆に開かれた仏教諸宗派を生み出すことになるのです。

年代	最澄	空海
797 (延暦16)	内供奉という天皇に近侍する役を得る。法華十講（法華経の講義）を催したり、南都諸師とともに天台の著作講義に参加するなど活躍。	処女作『三教指帰』を記し、儒教・道教・仏教の優劣を論じる。語学と文筆に抜きんでた才能を示す。
804 (延暦23)	38歳のとき、桓武天皇から遣唐使の命を受ける。短期の還学生として第二船に乗船。肥前国田浦（現在の長崎県平戸市）を出発。	31歳のとき、無名にもかかわらず才能を買われ、遣唐使に選ばれる。長期留学生として第一船に乗り込む。
805 (延暦24)	おもに天台の教えを授かり、仏典を収集して帰国。	長安（中国）に入る。唐三代の皇帝に仕えた名僧・青龍寺の恵果に見込まれる。正当な密教の法を受ける。805年に恵果が没すると弟子の代表として追悼文を書く。
806 (延暦25)	ほかの宗派にならび、天台宗でも正式の出家者（年分度者）が認められる。同年、桓武天皇が没する。	帰国する。
809 (大同4)	密教の呪法について、空海に教えを乞う。	嵯峨天皇と親しくなり、社会的な力を得る。
812・813 (弘仁3・4)	最澄は、高雄山（神護寺）で空海から密教の入門儀式であるふたつの灌頂を受ける。翌813年空海に、『理趣経』の注釈書である『理趣釈経』の貸与を断られる。空海との交友にヒビが入る。	
816 (弘仁7)	812年に灌頂を受けた最澄の弟子・泰範が、空海のもとへ。	天皇から高野山を賜り、修行道場として整備。
822 (弘仁13)	6月4日に没する。その7日後に、比叡山に大乗戒壇の設立が許可される。	高野山とともに、東大寺に灌頂道場を建立。南都と友好関係を保つ。
823 (弘仁14)		東寺（教王護国寺）を賜り、真言宗の僧侶を常住させる。
824 (天長元年)		淳和天皇の勅命を受け、神泉苑で祈雨の修法（雨乞いの修法）を行い、見事に大雨をふらせ、少僧都になる。
828 (天長5)		私立の教育施設「綜芸種智院」を開設。
834 (承和元年)		宮中の真言院で儀礼の実施を許される。
835 (承和2)		1月に年分度者を許される。3月に62歳で没する。
866 (貞観8)	清和天皇から伝教大師の諡名がおくられる。	
921 (延喜21)		醍醐天皇から弘法大師の諡名がおくられる。

遣唐使として中国へ

事件勃発

訣別のとき

霊山が修行の場に

仏教による鎮護国家では、寺院は朝廷の近く、都にある必要があった。
一方、比叡山延暦寺や高野山金剛峯寺は人里離れた霊山のなか。悟りを求め、純粋な修行の場が誕生した。

あらゆる人の成仏を説く『法華経』が中心
天台宗

いつ成立？ ▶ 最澄により806年に開かれた

　大陸の最新の仏教を学ぶために遣唐使として中国に渡った最澄は、『法華経』を拠りどころとする天台宗のほか、禅、念仏、密教も学び、日本にもち帰りました。中国天台の教えに禅、大乗戒などを融合させた独自の教義を構築。806年、天台宗を開きました。

どんな歴史？ ▶ 徳川時代に天海により復興

　最澄の弟子・円仁、孫弟子・円珍によって天台宗の教義は体系化され、発展。一方で、幕府との接近や広大な寺領により政治的・経済的にも大きな力をもつように。その結果、天下統一を狙う織田信長に狙われ、比叡山は焼き討ちに。その後、徳川家康の政治・宗教顧問であった天海により、復興していきました。

どんな教え？ ▶ 誰でも平等に成仏できる

　天台宗では、法華一乗思想といって、『法華経』の教えに従えば、どんな資質のものであっても平等に成仏ができると説きます。

❶ 禅・密教・戒律も融合した教え

　最澄は中国から禅や密教、戒律、とくに大乗菩薩戒をもち帰り、これらを融合させ、理論と実践を整えました。なかでも大乗菩薩戒を受ける施設（大乗戒壇）の確立は最澄の悲願で、大乗仏教には大乗独自の戒律が必要であり、この大乗菩薩戒こそが法華一乗思想実現に必要と考えたのです。

❷ 鎌倉新仏教の宗祖が続々誕生

　比叡山は『法華経』、禅、念仏、密教、戒律などを幅広く学べる仏教総合大学。法然、栄西、親鸞、道元、日蓮など鎌倉新仏教の宗祖たちも比叡山で学び、これと思った教えを選びとり、独立。誰もが救われるという最澄の教えは以後の仏教に通底しています。

本山
延暦寺
（京都府・滋賀県）

19歳の最澄が修行した山。東塔、西塔、横川（よかわ）の3地域にまたがる三塔十六谷を指す。823年に桓武天皇の元号に由来する延暦寺の名が許される。

本尊
釈迦牟尼仏
ほか

『法華経』で教えを説く釈迦牟尼仏を中心に、さまざまな仏を奉る。延暦寺根本中堂には薬師如来がまつられている。

数々の宗派を生み出す土壌をつくった

四宗融合の精神で仏教総合大学に

天台宗の教えは、最澄がもち帰った円・戒・禅・密の4つの仏教の教えが総合されている（四宗融合）。後世、円仁が浄土念仏もとり入れ、比叡山は一大仏教総合大学と化していく。

円
円教（円満完全な教え）という天台教理。『法華経』の理論と止観（実践）。

戒
それまでの戒律とは異なる、菩薩となるための大乗戒。最澄独自の考え。

禅
禅の行法のこと。菩提達磨から連なる、坐禅・止観などの瞑想実践。

密
密教のこと。最澄の時代は部分的な行法のみ。円仁から力を入れ、後世体系化。

西塔（さいとう）

東塔（とうどう）

横川（よかわ）

延暦寺

根本中堂

788年、いまの根本中堂のある場所に一乗止観院（いちじょうしかんいん）を建立。比叡山寺と呼ばれるように。

不滅の法灯
根本中堂にある3つの釣り灯篭。一乗止観院建立以来、灯が消えない。

一生を大乗戒壇の設立に捧げた

最澄は、エリートだけに許された授戒の機会を、すべての人に広げるため、大乗戒壇設立に奔走。没後7日目に大乗戒壇が許された。庶民のあいだに仏教を浸透させた鎌倉仏教の精神のおおもとが大乗戒にある。

宗祖

最澄（767〜822）

伝教大師。19歳のとき東大寺で授戒。比叡山で修行。桓武天皇の命を受け遣唐使として唐に渡り、天台教学の書物を携え帰国。天台宗を開く。

円仁 (794〜864)

最澄の没後、唐に渡り密教を
学び、日本天台宗の密教の体
系をつくる。山門派の祖。

円仁、円珍が密教を体系化

最澄は空海に本格的な密教の教えを乞うが、
不十分。その後、弟子の円仁と孫弟子の円
珍により天台密教(台密)が体系づけられた。
しかし、円仁派(山門派・延暦寺)、円珍派(寺
門派・園城寺／三井寺)に分裂。

VS

\ 寺門派 /

円珍 (814〜891)

空海の甥(もしくは姪の息子)。
入唐し、天台教学・真言密教を
伝授。帰国後園城寺の別当を
任ぜられる。寺門派の祖。

家康の
ブレーン

天海 (1536〜1643)

比叡山、園城寺、興福寺
などで修学。家康のブ
レーン。家康没後は住
まいのあった日光山に
改葬。江戸上野の寛永
寺を開山、徳川家墓所
をつくる。

信長により荒廃、家康により復興

寺門派は幕府と結びつき、山門派は広大
な寺領から利権拡大。織田信長は比叡
山を焼き討ち。その後、徳川家康とつな
がりの深い天海の力で復興。天台宗は
浄土宗とともに徳川家の庇護を受ける。

天台宗の修行

前行・四度加行

山家学生式(天台僧としての規則が書かれた
最澄の書状)にそって、横川の比叡山行院で
60日間修行をする。前半は前行(顕教／日常
儀礼や座学)、後半は四度加行(密教／秘儀)。

三千仏礼拝行

仏様の名前をとなえ、五体投地(合掌し、ひざ
まずき、両手のひらを上に向け、両ひじ、ひた
いを地面につけて深く礼拝)。1日千仏×3
日間行う。

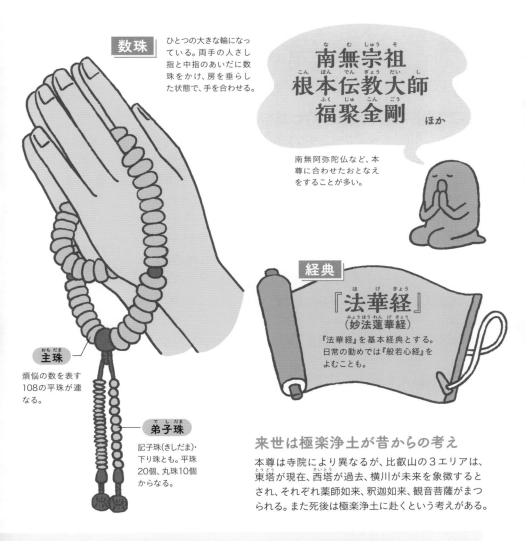

数珠

ひとつの大きな輪になっている。両手の人さし指と中指のあいだに数珠をかけ、房を垂らした状態で、手を合わせる。

主珠（おもだま）

煩悩の数を表す108の平珠が連なる。

弟子珠（でしだま）

記子珠（きしだま）・下り珠とも。平珠20個、丸珠10個からなる。

南無宗祖（なむしゅうそ）根本伝教大師（こんぽんでんぎょうだいし）福聚金剛（ふくじゅこんごう）ほか

南無阿弥陀仏など、本尊に合わせたおとなえをすることが多い。

経典

『法華経』（ほけきょう）（妙法蓮華経）（みょうほうれんげきょう）

『法華経』を基本経典とする。日常の勤めでは『般若心経』をよむことも。

来世は極楽浄土が昔からの考え

本尊は寺院により異なるが、比叡山の３エリアは、東塔（とうどう）が現在、西塔（さいとう）が過去、横川が未来を象徴するとされ、それぞれ薬師如来、釈迦如来、観音菩薩がまつられる。また死後は極楽浄土に赴くという考えがある。

十二年籠山行（じゅうにねんろうざんぎょう）

12年間比叡山にこもり、宗祖最澄に仕える。本尊として最澄の御絵像が安置され、そこに侍（はべ）ることから侍真（じしん）とも。2021年に渡部光臣住職が満行した。

千日回峰行（せんにちかいほうぎょう）

比叡山山中を１日30km、７年間のうち約1000日を歩く。そのなかで9日間飲食せず、不眠不休で真言をとなえる。中断した場合、自害を決意し、のぞむため短刀を持参。

密教で大日如来と一体化
真言宗
しん ごん しゅう

いつ成立？ ▶ 高野山金剛峯寺に修行の場を創設

806年、中国で2年間密教を学び帰国した空海は、次第に名声を高め、時の嵯峨天皇とも知遇を得ます。日本において密教修行の道場開設を発願し、嵯峨天皇から高野山を下賜され、伽藍建設に着手。高野山全体が結界に囲まれひとつの境内と見なされます。

どんな歴史？ ▶ 密教の継承者・空海が真言密教を確立

空海は中国の密教の大成者・恵果和尚に師事、2年間で密教の奥義まで伝授されています。恵果は空海への奥義伝授後まもなく死去しますが、その追悼碑文は多くの弟子のなかから空海が撰述するほど。それほどに正統な継承者として認められていたのです。空海は多数の著述をのこし、真言密教の教義を確立しました。

どんな教え？ ▶ この身のままで仏になれる

真言宗では、宇宙の根源である大日如来（P194）と一体化することで、この身のままで成仏できる（即身成仏）と説きます。

❶ これまでの仏教を顕教とし、密教の優位性を説く

空海は密教以外の仏教を顕教とします。顕教はお釈迦様が大日如来の化身としてこの世にあらわれ、人間の資質に応じて説いた教え。顕教では成仏までに長い時間がかかってしまうと考えます。

一方、大日如来が直接説いた秘密の教えが密教であり、その教えにもとづけば即座に成仏ができるゆえに、密教は顕教よりも優れていると空海は判別します。

❷ 現実肯定の世界観が現世利益と結びつく

この世のあらゆるものは大日如来の顕現と考える真言宗の教えは、加持祈祷などの儀礼を含み、現世利益を求める貴族に好まれる傾向にありました。

本山

高野山 金剛峯寺
（和歌山県）

816年に創建。高野山真言宗の総本山。奥之院には空海がいまも生き続ける「入定信仰（にゅうじょうしんこう）」がある。真言宗は50近い分派があり、それぞれ本山がある。

東寺／ 教王護国寺
（京都府）

古義真言宗に属する東寺真言宗の総本山。

根来寺
（和歌山県）

新義真言宗の総本山。

本尊

大日如来

真言密教の真理そのもの。ほかに不動明王、千手観音など諸仏諸尊がまつられる。

六大、四曼、三密加持で即身成仏。

この身のまま成仏できる

宇宙の根源である大日如来と、修行を通じて一体化すると、この身のままで悟れるという考え。

四曼（しまん）

六大が姿・形をとり、表されたものが四種曼荼羅（四曼）。真理に近づくための通路の役割。

六大（ろくだい）

体（本体・本質）

水　地　大
　　火　日
風　空　如
　　　　来

物質的原理　識　精神的原理

大曼荼羅（だいまんだら）
ひとつの画面に諸仏諸尊を描いたもの。

相（現象）

三昧耶曼荼羅（さんまやまんだら）
諸仏の持物（じもつ）や印契（いんげい）を描いたもの。

相（現象）

法曼荼羅（ほうまんだら）
諸仏の真言を表す梵字（種子・しゅじ）を描いたもの。

相（現象）

羯磨曼荼羅（かつままんだら）
諸仏の動きを表す。仏像群などで表現される。

相（現象）

世界の構成原理は大日如来のそのもの（法身＝本質的なあり方）。私たちもすでにその一部。

用（働き）

三密加持（さんみつかじ）

三密では身密、口密、意密のこと。いわゆる三業（P51）。私たちの身口意と大日如来のそれらが合致すること（加持）で成仏できる。

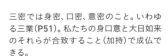

意密（いみつ）
大日如来を一心に念じ、自我と仏の合一を遂げる。

口密（くみつ）
大日如来の言葉（真言）をくり返しとなえる。

身密（しんみつ）
手で仏の悟りを象徴する形をつくる（印契を結ぶ）。

宗祖

空海
（774～835）

弘法大師。遣唐使として留学。恵果から正当な密教の後継者として『大日経』『金剛頂経』を受け、日本独自の真言密教を確立。

密教修行・阿字観

大日如来の慈悲と智慧を感じる

阿字観は『大日経』で説かれる瞑想法。密教の修行は四度加行を経なければとり組めないが、阿字観は空海直伝ではなく、鎌倉時代に始まりいまに伝わる。一般檀信徒向けの指導も。

阿闍梨

密教で四度加行という修行を経た僧侶に与えられる資格。

月輪

円満な智慧の光を放つ徳の象徴。

梵字

大日如来を表す梵字「阿」。

蓮華

泥のなかで花開く蓮は、慈悲の象徴。

阿字を観想できれば、六根清浄(ろっこんしょうじょう)となり煩悩が消える。

仏の身口意が自身に入り込み一体化する入我我入(にゅうががにゅう)の瞑想。

四度加行

阿闍梨になるため、必ず師につき十八道法、金剛界法、胎蔵界法、護摩法という4種の修法を習得。

親珠

大日如来の智慧を表す。

主珠

108の丸珠が連なる。金剛界百八尊からという説も。

弟子珠

丸珠が5個ずつ連なる。

数珠

長い一連の数珠を中指にかけて、手を合わせ、房を垂らして拝む。

密教儀式・灌頂(かんじょう)

さまざまな灌頂がある

修行の最終段階「伝法灌頂(でんぽうかんじょう)」を経て正式な阿闍梨になれる。ほかにもさまざまな灌頂がある。目隠しして曼荼羅(まんだら)に華を投じ、仏と縁を結ぶ「結縁灌頂(けちえんかんじょう)」は一般檀信徒でも受けられる。

高僧から大日如来の智慧の法水を頭頂に注がれる。

灌頂

菩薩(ぼさつ)が仏になる際、その証明として諸仏から法水(聖水)が注がれるところから、水を頭に注いだり、曼荼羅と縁を結んだりする密教儀式。

真言

《光明真言(こうみょうしんごん)》

**おん あぼきゃ べいろしゃのう
まかぼだら まにはんどま
じんばら はらばりたや うん**

ほか

大日如来の真言。サンスクリット語の音写で短文を真言、長文を陀羅尼(だらに)と呼ぶ。

経典

『大日経(だいにちきょう)』

密教修法・儀礼が説かれ、慈悲の体現に導く。「胎蔵界法」とも。

『金剛頂経(こんごうちょうきょう)』

密教理論が説かれ、智慧の体現に導く。「金剛界法」とも。

131

暗黒の末法時代に広まった
極楽往生への願い

南無阿弥陀仏ととなえることで死後の極楽往生がかなう浄土信仰。
荒廃した現実社会から逃れたい人々の心を惹きつけました。

浄土信仰 念仏で極楽浄土への往生を目指す

平安後期から浄土信仰が盛んになった背景には、末法思想がありました。釈尊入滅後、教えと修行、悟りが存在する正法時が千年。教えと修行はあるが、悟りを得られない像法時が千年。そして、教えは残るが修行はなされず、悟りも得られない末法時が1万年続くとされます。

この三時説に、もとづき、当時の人々は永承7年（1052）に末法時に突入すると考えたのです。戦乱や疫病、仏教界の腐敗など、末法の時代到来を実感した民衆は念仏による来世の救いを求めました。

称名念仏で救われたい！　庶民への布教

寺院から離れて修行した聖と呼ばれる遁世僧が念仏普及の担い手でした。

聖

なむあみだぶつ
なみあみだぶつ

なむあみ
だぶ〜

各地を行脚する聖により、庶民のあいだに仏の名をとなえる称名念仏が広まっていった。

社会不安
平安末期、政治の腐敗や疫病の流行により、庶民の生活は困窮を極めた。

13宗派 6

ひとりとみんなの念仏がとけあう
融通念仏宗

いつ成立？ ▶ 鳥羽上皇の時代に名声を高めた

比叡山から大原に隠棲し念仏修行に励んだ良忍により融通念仏宗が誕生。鳥羽上皇や貴族から信奉を集め、発展。

どんな歴史？ ▶ 観想から称名へ、念仏を庶民に広めた

比叡山では、阿弥陀如来を思い描く観想念仏と南無阿弥陀仏ととなえる称名念仏の2種が行われていました。良忍は実践しやすい称名念仏を重視。易行性は庶民教化に不可欠でした。

どんな教え？ ▶ 念仏の功徳が自分にかえり往生できる

良忍は『華厳経』や『法華経』を重視し、とくにすべてのものが調和して存在しているという『華厳経』の教えを踏まえ、すべては関わりあい、自分の行いは他人と共有されると説きます。

ひとりの念仏はすべての人の念仏と、また阿弥陀仏の本願ともとけあい、大きな功徳となり、この世が極楽浄土になるのです。

本山
大念佛寺
（大阪市）

元は修楽寺（しゅらくじ）。聖徳太子信仰があつかった良忍が夢告を受け、根本道場と定めた。

本尊
十一尊天得如来

観音・勢至菩薩などの十菩薩と阿弥陀如来とが極楽浄土に誘う「十一尊天得如来」は、良忍が修行中にお告げで授かったとされる。

融通和合の世界

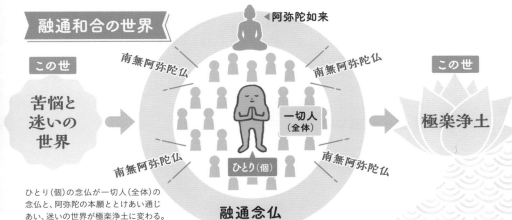

ひとり（個）の念仏が一切人（全体）の念仏と、阿弥陀の本願ととけあい通じあい、迷いの世界が極楽浄土に変わる。『華厳経』『法華経』の影響も見られる。

阿弥陀仏の名をとなえれば救われる

浄土宗

いつ成立？ ▶ 1175年、阿弥陀仏の本願念仏に回心

智慧第一の法然房と呼ばれるほどに秀才だった法然は、自らの悟りを求めて大蔵経（すべての経典）を5回も読んだと伝えられます。しかし、それでも悟ることができず、自己の無力さを痛感します。そのなかで、中国の浄土教僧侶・善導が著した『観無量寿経疏』に出会い、念仏による往生に確信を得ます。

どんな歴史？ ▶ 公家から庶民までもが念仏信仰を支持

南無阿弥陀仏ととなえるだけでよいという専修念仏の教えは、末法におびえる公家だけではなく、それまでのエリート仏教では救済の対象とされなかった民衆から人気を得ることになりました。

どんな教え？ ▶ 阿弥陀仏を信じ、ひたすら念仏をとなえる

法然は称名念仏こそが阿弥陀仏の願い（本願）にかなうものとして、観想念仏を切り捨てます。

❶ 念仏観の180度大転換

阿弥陀仏はあらゆる人々を救いたいと願っている。一部のエリートしか実践できない観想念仏は本願にそぐわない。誰でも容易にできる称名念仏こそが本願にかなうもの、というのが法然の考え。従来の仏教では観想念仏が称名念仏よりも高等なものと考えられていたので、念仏観の180度の大転換でした。

❷ 称名念仏の選択が、仏教諸宗派にも影響

阿弥陀仏は必ず救ってくれると信じて、ただひたすらに念仏をとなえること（専修念仏）で十分というシンプルな教えは、当時の民衆にもわかりやすく、多くの信仰者を生み出しました。仏教のひとつの要素を選びとり、深めた法然は、その後の仏教諸宗派のあり方にも大きな影響を与えました。

総本山

知恩院
（京都市）

法然が晩年過ごした東山吉水念仏道場。流罪ののちここで没した。江戸時代徳川家康の帰依により敷地と伽藍が寄進。

本尊

阿弥陀如来

『観無量寿経』の説くところに従い脇侍に慈悲の働きを表す観音菩薩、智慧の働きを表す勢至菩薩を携える阿弥陀三尊（P190）が基本。

『選択本願念仏集』で教義を体系化

聖浄二門判

浄土宗の教義として浄土門の教えに従うことを説く。

自力

聖道門
自力で修行し、成仏しようとする教え。法然は若い時分に試み挫折している。

Select →

他力

浄土門
阿弥陀如来の本願（名をとなえることで誰でも往生）により往生を目指す教え。

五種正行

往生を目指すものがすべき行。4は往生が定まる行、それ以外は4を助ける行。

1 読誦
浄土三部経を読誦すること。

2 観察
阿弥陀如来や極楽浄土を観想。

3 礼拝
阿弥陀如来を礼拝すること。

4 称名
阿弥陀如来の名をとなえること。

正定業

5 讃歎供養
阿弥陀如来の功徳を讃え供養。

助業

三心と四修

念仏者の3つの心がまえと4つの修行のあり方。

【三心】

❶至誠心
往生を願う真実の心。

❷深心
阿弥陀仏への深い信心。

❸回向発願心
すべてをかけて往生を願う心。

【四修】

❶恭敬修　敬いの心で修行をする。

❷無余修　称名のみ。それ以外はしない。

❸無間修　どんなときも念仏をとなえる。

❹長時修　死ぬときまで念仏をとなえる。

宗祖

法然（1133〜1212）

美作国（みまさかのくに・岡山県）の国司の子として生まれる。父が討ち死に。死に際に「敵を恨むな」と言われ仏門入り、15歳で比叡山へ。43歳で専修念仏に出会い、浄土宗を開く。

声も顔も美しく
評判だった。

住蓮　　安楽

松虫・鈴虫事件

法然の弟子住蓮と安楽が勤める「六時
礼讃」法要が人気。1206年、後鳥羽上
皇に仕えていた女房の松虫(19歳)と
鈴虫(17歳)がふたりの導きで剃髪。

松虫

鈴虫

法然は女性、遊女
にも隔てなく教え
を伝えた。

処刑・流罪の弾圧

松虫・鈴虫事件は後鳥羽上皇が熊野
詣で留守のあいだの出来事。上皇
の逆鱗に触れ、住蓮、安楽は処刑、
法然らは土佐に流罪になる(建永の
法難)。

流罪
じゃ!!

後鳥羽上皇

主珠と副珠

ひとつの輪が主珠27個、も
うひとつの輪が主珠20個と
副珠21個。珠を繰りながら
念仏をとなえる。

弟子珠

つなぎ目に銀環が
つき、丸珠6個、平
珠10個が連なる。
上げ下げして数を
把握。

数珠

複数の種類があるが、
二連の輪違いの形が特
徴。両手の親指にかけ、
房を垂らして手を合わ
せる。

悟りの仏教から救いの仏教へ

露の身は
（訳）私たちは露のように
はかない身

ここかしこにて
消えぬとも
（訳）いつ消えるとも
わかりませんが

こころは同じ
花のうてなぞ
（訳）往生ののちに蓮華の台（うてな）の
上で再会できますよ

念仏者はみんな極楽浄土で再会

法然の流罪を知った九条兼実（くじょうかねざね）は、今生の別れを惜しみ、書をしたためる。法然は、極楽浄土（ごくらくじょうど）での再会を約束し歌によんだ。

法然

九条兼実

極楽浄土

多くの有名な弟子たち

公家の九条兼実だけでなく、源平合戦で平敦盛（たいらのあつもり）を討った熊谷次郎直実（くまがいじろうなおざね）も法然と出会い出家を決めたひとり。また浄土真宗を開いた親鸞（しんらん）は、比叡山（ひえいざん）を下りたのちに法然のもとへ。生涯の師と仰いだ。

おとなえ

《お十念》
南無（なむ）
阿弥陀仏（あみだぶつ）
×10回

阿弥陀如来の名号を10回となえる十念が基本。「なむあみだぶ」を8回、9回目は「なむあみだぶつ」、最後を「なむあみだぶ〜」とのばす。

経典

浄土三部経（じょうどさんぶきょう）

『無量寿経』『観無量寿経』『阿弥陀経』の浄土三部経（P102）が根本経典。

不動の信心による絶対他力で極楽往生

浄土真宗
（じょうどしんしゅう）

いつ成立？ ▶ 教行信証の書きはじめが開宗

比叡山を下り、法然に入門し専修念仏（せんじゅねんぶつ）の教えに出会った親鸞（しんらん）は、生涯にわたり法然の弟子を自認。独自の宗派をおこす意思はなかったようで、教団の誕生時期は不明確ですが、真宗各派では著書『教行信証（きょうぎょうしんしょう）』の草稿本が完成した1224年を開宗とみなします。

どんな歴史？ ▶ 家康の戦略で東西に分かれた

8代目蓮如（れんにょ）によって、浄土真宗は教団として拡大、組織も整備されます。信者によって自治が行われる地域や、一向一揆（いっこういっき）を起こして大名と対峙する勢力を誇る地域が生まれるほどに。しかし、大規模教団に脅威を感じた徳川家康により、教団の内紛に乗じて西本願寺と東本願寺に分割されてしまいました（P140）。

どんな教え？ ▶ 念仏で阿弥陀仏の他力本願に感謝

法然（ほうねん）と親鸞は師弟関係ですが、それぞれを開祖とする浄土宗と浄土真宗には考え方に違いがあります。

❶「私の修行」は存在しない

法然は阿弥陀仏の救済を願い、ひたすら念仏をし続けることを勧めますが、親鸞は阿弥陀仏が人々を救いたいがために、南無阿弥陀仏と呼びかけていると考えます。法然は救われたいと願う主体性を認め念仏を「私の修行」と考え、親鸞は念仏を「私の修行」ではなく阿弥陀仏の修行で、念仏は仏からの働きかけと考えます。

❷ 救済の念仏ではない

阿弥陀仏が私に念仏をさせたということは、私を救済するためです。仏は私たちにそれも信じさせようと働きかけます。その信心を得たとき、念仏は阿弥陀仏に救済を求めるものではなく、阿弥陀仏への報恩感謝となります。

本山

本願寺（ほんがんじ）
（京都市）

本願寺派本山。「西本願寺」「お西さん」とも。京都七条堀川にある浄土真宗本願寺派の本山。豊臣秀吉による寄進。金閣銀閣と並ぶ国宝飛雲閣が有名。

東本願寺
（京都市）

真宗大谷派本山。真宗本廟が正式名。「東本願寺」「お東さん」とも。徳川家康のはからいで妙安寺（前橋市）から御真影（坐像）を迎える。

そのほかの真宗各派の本山

- 真宗高田派 **専修寺**（せんじゅじ）
- 真宗佛光寺派 **佛光寺**（ぶっこうじ）
- 真宗興正派 **興正寺**（こうしょうじ）
- 真宗木辺派 **錦織寺**（きんしょくじ）
- 真宗出雲路派 **毫摂寺**（ごうしょうじ）
- 真宗誠照寺派 **誠照寺**（じょうしょうじ）
- 真宗三門徒派 **専照寺**（せんしょうじ）
- 真宗山元派 **證誠寺**（しょうじょうじ）

本尊

阿弥陀如来（あみだにょらい）

阿弥陀如来の一仏立像。絵像や名号を本尊とすることも。

ありがとう！　報恩感謝の念仏

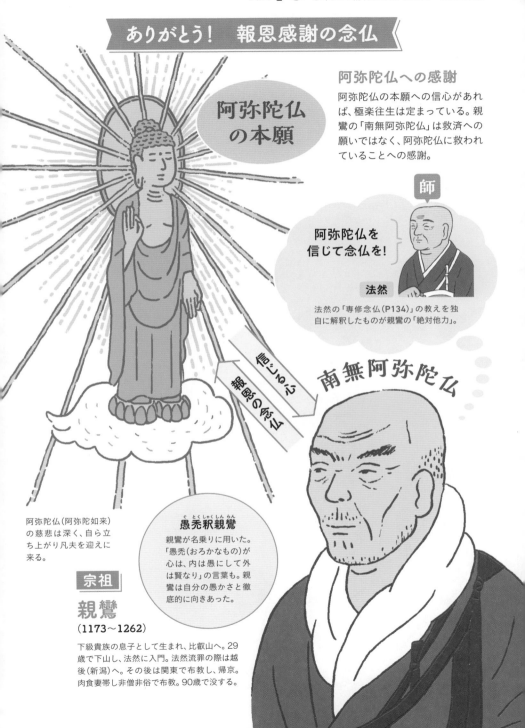

阿弥陀仏への感謝

阿弥陀仏の本願への信心があれば、極楽往生は定まっている。親鸞の「南無阿弥陀仏」は救済への願いではなく、阿弥陀仏に救われていることへの感謝。

阿弥陀仏の本願

師

阿弥陀仏を信じて念仏を！

法然

法然の「専修念仏（P134）」の教えを独自に解釈したものが親鸞の「絶対他力」。

信じる心

報恩の念仏

南無阿弥陀仏

阿弥陀仏（阿弥陀如来）の慈悲は深く、自ら立ち上がり凡夫を迎えに来る。

愚禿釈親鸞（ぐとくしゃくしんらん）

親鸞が名乗りに用いた。「愚禿（おろかなもの）が心は、内は愚にして外は賢なり」の言葉も。親鸞は自分の愚かさと徹底的に向きあった。

宗祖

親鸞
（1173〜1262）

下級貴族の息子として生まれ、比叡山へ。29歳で下山し、法然に入門。法然流罪の際は越後（新潟）へ。その後は関東で布教し、帰京。肉食妻帯し非僧非俗で布教。90歳で没する。

キーパーソンと分派の歴史

宗祖 親鸞（しんらん）

流罪後、関東で布教。妻帯し4男3女をもうけた。

第3代 覚如（かくにょ）

親鸞のひ孫。直系が跡を継ぐ血脈相承を主張。

中興の祖

第8代 蓮如（れんにょ）

教義を手紙形式で説いた「御文（おふみ）」で再興。

第11代 顕如（けんにょ）　**父**

一向一揆の中心、戦国大名を武力で討つ。長男・教如との関係がわるく、第12代を四男の准如に譲る。その後、徳川家康が権力分配のために教如に寺領を寄進。

四男　**第12代 准如**（じゅんにょ）

→ **浄土真宗 本願寺派**

長男　**教如**（きょうにょ）

→ **真宗 大谷派**

地方で発展

東国門徒系（とうごくもんとけい）

北関東での布教から、各地へ門徒が進出。現在「真宗高田派」「真宗木辺（きべ）派」「真宗佛光寺（ぶっこうじ）派」「真宗興正（こうしょう）派」がある。

越前四箇本山（えちぜんしかほんざん）

高田派の如道が越前に移り、さらに弟子たちが親鸞ゆかりの寺で発展。現在「真宗三門徒派」「真宗山元派」「真宗誠照寺（じょうしょうじ）派」「真宗出雲路派」がある。

おとなえ

南無（なむ）阿弥陀仏（あみだぶつ）

となえ方にとくに決まりはない。

数珠

珠の数に決まりはない。男性用が一連でひとつ（図）、女性用は大きな一連で房が2対。

両手にかけて合掌（大谷派の女性用は房を上に、先を左側に垂らす）。

経典

浄土三部経（じょうどさんぶきょう）『教行信証』（きょうぎょうしんしょう）

浄土三部経は浄土宗と同様。親鸞の記した『教行信証』を大切にし、最終章に書かれた正信偈をよむ。

13宗派
9

往生は決定している

時宗
（じ）（しゅう）

いつ成立？ ▶ **熊野権現から神勅を受けた1274年開宗**

人々と念仏の縁を結ぶために「南無阿弥陀仏　決定往生（往生
（な む あ み だ ぶつ）（けつじょうおうじょう）
は決定している）六十万人」と書かれた念仏札を配り、全国を歩
いていた一遍は、1274年、熊野で熊野権現（**P155**）から念仏
（いっ ぺん）　　　　　　　　　　　（くまの）（ごんげん）
札配賦（賦算）を後押しする神託を受けます。
（はい ふ）（ふ さん）

どんな歴史？ ▶ **浄土宗西山派の教えから着想**

一遍はもともと浄土宗西山派で浄土教を学んでいました。浄土
宗西山派には念仏によって阿弥陀仏と衆生が一体となる機法一体
（き ほういったい）
という教えがあり、一遍にもその影響が色濃く見られます。

どんな教え？ ▶ **救済の喜びから踊り出し念仏に没頭**

一遍が全国で賦算した結果、多くの信者（時衆と呼ぶ）が生ま
（じ しゅう）
れ、次第に教団が形成されました。阿弥陀仏の救済にあずかった
喜びから、みんなで踊る踊念仏が生まれたようです。
（おどりねんぶつ）

本山

清浄光寺
（しょうじょうこう じ）
（神奈川県藤沢市）

藤沢山無量光院清浄光
寺。通称「遊行寺（ゆぎょ
うじ）」。一遍は遊行で
過ごし道場を必要とし
なかったが、後世につ
くられた。藤沢道場と
も呼ばれる。

本尊

阿弥陀如来

名号（南無阿弥陀仏）を
本尊とすることもある。

お札と念仏で全国を遊行

「賦算」
念仏の縁を結ぶため
に「南無阿弥陀仏決
定往生六十万人」と
書かれた念仏札（算）
を配り歩く。

「踊念仏」
一切の自力を捨てる
踊念仏。阿弥陀仏に
よって救われている
という救済への喜び
の踊り。

武士を中心に広まる。
日常生活のすべてが修行

禅の教えは奈良時代に日本に入り、鎌倉期に武士の支持を得ます。
日本の衣食住から精神性にまで影響を及ぼしました。

禅文化 日本独自の発展を遂げ、日本人の精神性を変える

　禅の教えは比叡山（ひえいざん）で長年伝えられてきましたが、宗派としては鎌倉時代の栄西（ようさい）以降。師から弟子への伝承をもって伝わり、華美を好まないところなどが武士の心情とマッチし、幕府の庇護で発展します。また、禅寺は公家・武家が交流をは

かるサロンの役割も担うようになります。
　禅の建築様式や茶道、華道、書、水墨画、枯山水（かれさんすい）、懐石料理などが日本の文化・精神に与えた影響ははかり知れません。後世（1938年）仏教学者・鈴木大拙（すずきだいせつ）により世界にも知られるようになりました。

衣食住に浸透した禅

禅の建築様式や文化芸術は、現在の日本文化への影響大。

文化芸術
茶道、華道から
武道、書や絵画、
懐石料理に到る
まで。

建築様式
禅寺の建築様式
は武士や庶民の
住居にも影響。

日常の作務
禅の修行でもある日
常の作務や所作全般。

13宗派
10

禅問答と坐禅で悟りを得る
臨済宗
りんざいしゅう

いつ成立？ ▶ **鎌倉時代に日本臨済宗が生まれる**

　禅の初師は菩提達磨（P111）で、その教えが脈々と禅宗の各宗派に伝わっています。日本臨済宗の宗祖は、お茶を伝えたことでも有名な栄西。臨済義玄を宗祖とする中国臨済宗に学び、1191年に日本にそれを伝えました。

どんな歴史？ ▶ **武士を中心に発展、白隠により現在の形に**

　日本には栄西以前に達磨宗という禅宗があり、鎌倉幕府から弾圧を受けていました。栄西はそれを避けるため国家における禅の有効性を説いた『興禅護国論』を記し、幕府に受け入れられます。

　室町時代には上級武士からあつい帰依を受け、京都五山・鎌倉五山を中心に禅文化が開花。江戸時代に入ると、白隠が『坐禅和讃』を編纂。公案という禅問答による修行体系を確立します。

どんな教え？ ▶ **公案で自分だけの答えにたどり着く**

　臨済宗は坐禅や公案などの修行を通じて、仏性を自覚する宗派です。

❶ 公案の数は1700問以上
　梁の武帝が菩提達磨に「お前は何者だ」と問うて「不識（知らない）」と答えた話、弟子が百丈懐海に「すばらしいとはなにか？」と問うて「独坐大雄峰（ひとり大雄峰に坐す）」と答えた話など、じつにさまざまな禅問答があり、その数1700問以上とも。

❷ 高僧と一対一、何年もの月日を費やすことも
　看話禅は、高僧（禅師・老師）と一対一で行われます。坐禅をしながら、出された公案を説きますが、正解があるわけではありません。真意を考え、何年もの月日を費やすことも。答えが出ると、次の問いが出され、公案を追究することで悟りに導かれます。

本山

妙心寺
みょうしんじ
（京都市）ほか

臨済宗の最大派閥妙心寺派大本山。花園天皇の離宮で、関山慧玄（かんざんえげん）により開かれた。ほかに13宗派あり、それぞれ本山がある。

本尊

決まりなし

釈迦牟尼仏を大切にするが、特定の本尊を拝む決まりはない。各寺院の由来でまつられる本尊は異なる。

菩提達磨から続く臨済禅の教え

初師

菩提達磨（生没年不詳）

インドで生まれ、520年頃に梁（りょう）に渡り禅を伝える。

【四聖句】

菩提達磨がのこした禅の本質を表す4つの言葉。

不立文字	言葉に頼らず、修行という体験を通じて悟りを得る。
教外別伝	大悟を得た師が弟子に直接指導するなかで、悟りを追体験させる。
直指人心	悟りを得るため心を見つめ、仏性を把握すること。
見性成仏	仏になる性質（仏性）が備わっていることに気づくことで悟りを得る。

面壁九年のダルマさん

文字を立てずに智慧（ちえ）を伝える禅の教えは、当初誰にも理解されなかった。達磨は少林寺で壁に向かい9年間坐禅を続け、悟りを開いたという逸話も。面壁九年（めんぺきくねん）（長年にわたり努力し続けること）という言葉が生まれた。

宗祖

臨済義玄（生年不詳〜867）

黄檗宗の開祖黄檗希運（おうばくきうん）に禅を学ぶ。臨済宗を開いたが詳細はわかっていない。

日本 臨済宗

日本へ

宗祖

栄西（ようさい）（1141〜1215）

備中国（岡山県）の神職の息子として生まれ、14歳で比叡山へ。天台僧、阿闍梨（密教尊師）、禅僧としての尊称を得たのち、宋から臨済宗の禅法を受ける。『興禅護国論』を記す。

看話禅の確立

中興の祖

白隠慧鶴（はくいんえかく）（1685〜1768）

駿河（静岡県）生まれ、15歳で出家。書画に秀いで、「隻手の音色」という公案をつくる（P145）。看話禅を確立。また、従来の公案を整理し、看話禅を確立する。臨済宗中興の祖。

四聖句を坐禅と公案で実践

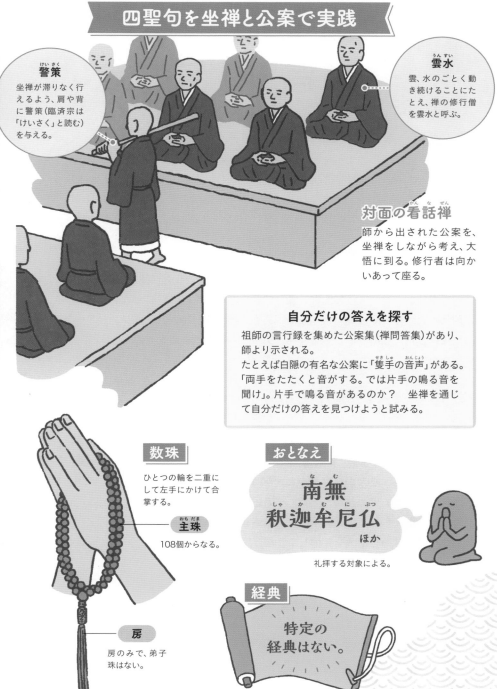

警策 けいさく
坐禅が滞りなく行えるよう、肩や背に警策（臨済宗は「けいさく」と読む）を与える。

雲水 うんすい
雲、水のごとく動き続けることにたとえ、禅の修行僧を雲水と呼ぶ。

対面の看話禅 かんなぜん
師から出された公案を、坐禅をしながら考え、大悟に到る。修行者は向かいあって座る。

自分だけの答えを探す
祖師の言行録を集めた公案集（禅問答集）があり、師より示される。
たとえば白隠の有名な公案に「隻手の音声 せきしゅ おんじょう」がある。
「両手をたたくと音がする。では片手の鳴る音を聞け」。片手で鳴る音があるのか？　坐禅を通じて自分だけの答えを見つけようと試みる。

数珠
ひとつの輪を二重にして左手にかけて合掌する。

主珠 おもだま
108個からなる。

房
房のみで、弟子珠はない。

おとなえ

南無 なむ
釈迦牟尼仏 しゃかむにぶつ
ほか

礼拝する対象による。

経典

特定の
経典はない。

坐禅こそが仏の行、仏のまま坐る

曹洞宗

いつ成立？ ▶ 1244年、修行道場として永平寺を開山

中国で約4年間禅の修行をして、帰国した道元は最初は京都に修行道場をもち、弟子を育てていました。しかし、比叡山から非難を受けるようになり、越前国の深山幽谷に修行道場を開くに到りました。それがいまの永平寺。寛元2年（1244）のことでした。

どんな歴史？ ▶ 道元が開き、瑩山により発展

多くの弟子を育て、教団整備にも力を尽くした道元は53歳でこの世を去ります。永平寺第三世・義介のときに教団内部の対立が深刻化。教団は一時衰退。曹洞宗第四祖とされ太祖と称される瑩山が民衆教化・教団統率に力を発揮、弟子にも恵まれ、巨大教団の礎をつくりました。

どんな教え？ ▶ すべてが修行で、悟りと一体

道元は「人間に仏性があるなら、なぜわざわざ修行する必要があるのか」という疑問をもち、その答えを求めつづけました。

● 坐禅により「身心落脱」を感得

中国での師匠・如浄が、坐禅中に居眠りをした修行僧を「坐禅とは身心脱落である」と叱った際、その言葉を聞き、一切の疑問が晴れたと伝えられます。坐禅中は肉体も精神も捨て去れという言葉に、道元は身心落脱を感得しました。

また、道元は「修証一如」や「本証妙修」を強調します。これは坐禅をすることはそのまま仏の行いということ。私の身心を離れることは執着を離れた悟りの境地。そして、そのために坐禅をするのではなく、坐禅は身心を離れることとイコールだと気づきました。修行道場での行いはすべて仏の行い、規則通りに行うことは悟りと一体になることだと考えました。

本山

永平寺
（福井県）

二大本山のひとつ。曹洞宗の根本道場。道元により1244年に開かれるが、その後衰退。第五世義雲（ぎうん）により復興。

總持寺
（横浜市）

第四祖瑩山（けいざん）が能登に開山。明治時代まで住職（住持・すみもち）を5院からもちまわりにする制度が続いた。火災により、1911年横浜市に移転。

本尊

釈迦牟尼仏

釈迦牟尼仏が一般的。だが、改宗した寺院も多く、寺院ごとに由来の仏がまつられることが多い。

仏性の絶対視が曹洞宗の修行の基本

道元の解釈 ← → **一般的な解釈**

一切衆生悉有仏性

『涅槃経』より

道元の解釈

一切は衆生なり、
悉有が仏性なり

（解釈）あらゆる存在（悉有）が、仏になる性質（仏性）であり、行きとし生けるものの内外はすべて仏性である。

！

すべては仏性であり、
修行は目的をかなえるためではなく、
それ自体が悟りなのだ。

一般的な解釈

一切の衆生に
悉く仏性が有る

（解釈）すべての生きとし生けるものには仏になる性質がある。

？

衆生に仏性があるというなら、なぜ修行の必要があるのか？

修行が悟りである

道元は修行の目的について考えていた。宋に渡り、如浄から只管打坐を学び、身心脱落を感得。悟りを得るために修行するのではなく、修行がそのまま悟りであることを確信する。

只管打坐

只管は「ただひたすら」、打坐は「坐禅をすること」。目的をもって坐るのではなく、身心脱落の状態で坐る。坐禅が仏の行い。

身心脱落

身も心も脱落させる。肉体や意識から離れて、悟りの世界に自分を融合させていく。只管打坐により、実現することができる。

宗祖

道元（1200～1253）

村上源氏の流れをくむ久我通親（こがみちちか）の子として生まれる。両親を亡くし、比叡山へ。入宋し、1225年高僧・如浄を正師とし、坐禅により身心脱落の境地を得る。帰国後『正法眼蔵（しょうぼうげんぞう）』を記す。

公案を用いず、ただ坐る坐禅

面壁の只管打坐

公案を考えながら坐るのではなく、雑念が浮かんだらそれを逃し、坐ることだけに意識を集中させる。修行者は壁に向かう。

目は半眼。視点を1m程度先に落とす。

警策

坐禅をスムーズに行うために与える。役割は臨済宗と同じ。曹洞宗では「きょうさく」と読む。

行住坐臥すべてが修行で仏と一体

道元は宋の禅寺で高齢の台所係（典座）に出会う。炎天下で海藻を干す老典座に「そんなことをやらなくても」と声をかけると「他はこれ吾にあらず　更に何れの時をか待たん（他人は自分ではない。今やらなくてどうする！）」と叱られる（『典座教訓』）。行住坐臥、日常作務のすべてが修行であり、仏と一体（修証一如）だと悟る。

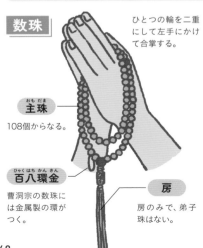

数珠

ひとつの輪を二重にして左手にかけて合掌する。

主珠
108個からなる。

百八環金
曹洞宗の数珠には金属製の環がつく。

房
房のみで、弟子珠はない。

おとなえ

南無
釈迦牟尼仏
ほか

礼拝する対象による。

経典

特定の
経典はない。

日常的には『正法眼蔵（しょうぼうげんぞう）』を編集した『修証義（しゅしょうぎ）』をよむ。

13宗派 12

江戸時代に中国からやってきた念仏禅
黄檗宗
おう　ばく　しゅう

いつ成立？ ▶ 中国臨済宗が江戸期に再来、黄檗宗に

1654年に来日した中国臨済宗の隠元隆琦が、中国で住職をしていた寺が黄檗山萬福寺。その名にちなみ黄檗宗となっています。
おうばくさんまんぷくじ

どんな歴史？ ▶ 隠元来日で衰退気味の禅ブームが再燃

室町時代に繁栄した臨済宗は、江戸時代に入ると衰退傾向。そこに中国から高僧が来たということで禅ブームが到来。隠元により僧堂生活が整備し直され、臨済禅は復興したのです。
りんざいしゅう

どんな教え？ ▶ 阿弥陀如来を思い描き坐禅をする

栄西が臨済宗を日本にもち帰った時代と隠元の時代には400年の開きがあります。その間、中国臨済宗は浄土教の影響を強く受け、日本の臨済宗とは異なる発展をしました。それが念仏禅。心のなかで極楽浄土を想い、阿弥陀如来をイメージしながら坐禅をくむことが、黄檗宗の特色といえるでしょう。

本山
萬福寺
まん　ぷく　じ
（京都府宇治市）

徳川家綱が隠元を招き開創。明代末期の建築様式。隠元によりもたらされた独特の普茶料理（精進料理）を体験できる。

本尊
釈迦牟尼仏
しゃ　か　む　に　ぶつ

釈迦牟尼仏が本尊。寺院に由来する仏を礼拝。萬福寺では釈迦牟尼仏のほか、布袋（P203・中国では弥勒菩薩の化身）をまつる。

隠元の黄檗文化

隠元とともに中国の絵師、仏師、さまざまな職人が来日。最先端の黄檗文化がもたらされた。いんげん豆や蓮根、煎茶などその後の食文化にも影響。明朝体という書体がこのとき輸入された。

黄檗絵画には、獅子に腰掛ける隠元が描かれている。

149

国家存亡への危機意識。 末法から救う法華至上主義

『法華経』を信じ奉じれば日本は救われると
強い信念で説き続けたのが日蓮でした。

立正安国論 社会不安のなか日蓮の激しい思想が展開

比叡山で学んでいた日蓮は、最澄が最重要視した『法華経』が軽視されず、念仏や禅、密教などが盛んになっている現状に強い疑問、不満を抱きました。比叡山を下りた後、『法華経』を至上の経典として、独自の信仰を深めていきます。

この時代は、国内は飢饉・災害・疫病流行があり、社会不安が増大。まさに末法を思わせる社会状況でした。日蓮はその原因を『法華経』が重んじられていないからだと考え、1260年『立正安国論』を記しました。

『立正安国論』が書かれた時代背景

国内外の不安と誤った仏教の流布には因果関係があると日蓮は考えました。

世のなかの動き ┊ 仏教界の動き

天変地異
鎌倉地震を始めとした災害が多発した。自然が猛威をふるう。

浄土宗の流行
庶民のあいだには浄土宗の称名念仏が流行していた（P132）。

立正安国論

社会不安
飢餓や疫病の流行により、社会不安が増大。民の生活がひっ迫。

禅宗の流行
禅宗が武士とのつながりをもち、興隆しつつあった。

日蓮は『立正安国論』で「邪宗の布教をとめ、法華経を重んじれば国家も民も安泰になる」と説いた。

2回の元寇
『立正安国論』執筆の14年後、元（中国）が日本を襲来。

学派系の存続
仏教の修学の中心はいまだに比叡山（天台宗）。天台教学だった。

13宗派
13

『法華経』の教えとともに生きる

日蓮宗
にち　れん　しゅう

いつ成立？ ▶ 鎌倉中期に日蓮によっておこされた

『法華経』が軽んぜられている比叡山のあり方に疑問をもった日蓮は、故郷・千葉の清澄寺に戻り、「南無妙法蓮華経」（『法華経』に帰依します）という題目をとなえ、『法華経』こそが唯一至高の教えであると宣言。積極的な布教を開始します。

どんな歴史？ ▶ 四大法難を経ても『法華経』を広め続けた

　日蓮は念仏や禅、密教を激しく批判。その鉾先は幕府にも向かいました。そのために仏教界、他宗の信者、政権からの反発・弾圧も招きます。とくに松葉ヶ谷法難（念仏信者からの焼き討ち）、伊豆法難（幕府役人にとらえられ伊豆に流罪）、小松原法難（故郷の地頭による武力襲撃）、龍ノ口法難（幕府にとらえられ佐渡流罪の護送の途中での斬首未遂）は四大法難と呼ばれる激しいものでした。

　『法華経』には、迫害を受ける法華経行者が描かれる箇所があり、日蓮はその行者と自分自身を重ねあわせ、逆に自説の正しいことを一層強く確信。布教を続けていきました。

どんな教え？ ▶ 南無妙法蓮華経で平等に成仏できる

　日蓮は『法華経』の本門（前半を迹門、後半を本門と呼ぶ）を重視します。本門で説かれるのは久遠実成の釈迦牟尼仏。2500年前に突然釈尊があらわれたわけではなく、永遠の過去において釈尊は悟りを開いており、長い時間にわたって教化し続けてきた、それが久遠実成の釈迦牟尼仏というわけです。

　そして、釈迦牟尼仏は過去のものではなく、いまも生き続け、題目をとなえることでその教えがいかされると日蓮は考えました。どんな人でも成仏できると説いたのです。

本山

久遠寺
く　おん　じ
（山梨県）

日蓮が鎌倉を去ったのちに身延山（みのぶさん）に移り草庵を結んだ場所。『法華経』読誦と門弟指導に当たる。没後、弟子たちが日蓮の墓所として久遠寺を建立。

本尊

一尊四士、
いっ　そん　し　し
大曼荼羅
だい　まん　だ　ら

『法華経』に書かれた久遠実成の釈迦牟尼仏。仏像（釈迦と菩薩）や大曼荼羅（南無妙法蓮華経の題目が大書されたまわりに、諸仏の名が書かれたもの）で表現。

日蓮独自の『法華経』観

『法華経』(妙法蓮華経)

天台宗では『法華経(P98)』を、迹門(前半部)と本門(後半部)に分ける。最澄は経全体を重視したが、日蓮は本門を絶対視した。

前半部

迹門(しゃくもん)

釈尊がこの世にあらわれ、さまざまに一乗(P99)を説き明かす。

後半部

本門(ほんもん)

久遠実成(くおんじつじょう)の釈迦牟尼仏を説く。菩薩たちが苦難を乗り越えて法を広める。

五義(五綱)(ごぎ・ごこう)

日蓮は5つの観点から、『法華経』の重要性を説いた。

教	世のなかに広まるべき優れた教えを説く経典である。
機	末法で弱った衆生(しゅじょう)を救済の対象としている。
時	末法の世であるいまこそ、『法華経』が広まるのにふさわしい。
国	日本こそ『法華経』が広まるのにふさわしい国だ。
序(師)	さまざまな経典が流布される順番を考えても、『法華経』は広まるべき。

実践

三大秘法

本門の本尊

久遠実成の釈迦牟尼仏を表す大曼荼羅に帰依。

本門の題目(だいもく)

「南無妙法蓮華経」の題目を声に出してとなえる。

本門の戒壇(かいだん)

本尊を安置し、題目をとなえ、仏と一体となる道場。

本門重視!

宗祖 日蓮 (1222〜1282)

安房(千葉県)の漁夫の子。12歳で天台宗の寺に入門。その後比叡山で天台教学を学ぶ。法華信仰に傾倒、衆生救済を目指し独自の思想を開花。32歳のとき故郷の寺で開宗。

『法華経』の実践！　荒行・寒行

団扇太鼓（うちわだいこ）
題目をくり返しとなえる唱題（しょうだい）では、太鼓でリズムをとり集中。

水行（すいぎょう）
冷水をかぶり、心身を浄める。真冬に行うものを荒水行と呼ぶ。

日蓮宗の修行では、『法華経』に示された「五種の妙行」として、受持、読、誦、解説、書写が行われる。また、冬には寒空の下で冷水を浴びる寒行などの荒行が行われる。

数珠

一連の数珠を8の字にし、両中指にかけて合掌する。

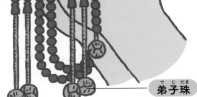

親珠（おやだま）
久遠実成の仏を表す。中指にかける。

弟子珠（でしだま）
題目を数える数とり用の弟子珠がつく。

右側に2本の房。　左側に3本の房。

題目

南無妙法（なむみょうほう）
蓮華経（れんげきょう）

経典

『**法華経**』（ほけきょう）
（妙法蓮華経）（みょうほうれんげきょう）

自然、神様、祖霊への 信仰心と結びついた日本仏教

仏教はインド、中国でそれぞれの在来信仰を吸収、融合しながら
定着していきましたが、日本も同様の展開を見せています。

仏と神の関係の変遷

神仏習合にはタイプがありますが、基本的には仏が上位になります。

奈良時代〜 **Type 1** 迷える神々を仏が救済

仏法に帰依したいが、
果たせないから
祟りをなすぞ！

それじゃあ、
神社にお寺を
つくります！

神様

藤原
武智麻呂

神宮寺の建立

『藤氏家伝』によると715年に
藤原武智麻呂が夢を見て、仏
によって救われることを望む
神のために、越前（福井県）の
気比神宮に神宮寺を建てた伝
説が残されている。

神仏習合 江戸時代まで続いた日本人の宗教観

　仏教伝来以前からあった日本の神々を
崇拝する神祇信仰（神道）と仏教は、奈
良時代から融合し、平安時代にさらに発
展しました。

　迷える神を仏が救済するため神社に付
属する神宮寺が建立され、仏教を守護す

る神（護法善神）が誕生します。

　こうした在来信仰との融合は、すでに
インド仏教で行われていました。バラモ
ン教のブラフマ神がお釈迦様に布教を勧
めた梵天勧請のエピソード（P28）も、
そのひとつといってよいでしょう。

Type 2

神々は仏の守護神

護法善神

749年、東大寺の大仏建造中に宇佐八幡の大神朝臣杜女が参拝した記録がある。781年、朝廷から「八幡神は鎮護国家・仏教の守護神」とされ八幡大菩薩に。

僧形八幡（そうぎょうはちまん）の神像もつくられた。

ヒンドゥー教の神々が梵天や帝釈天として仏教の護法善神となったプロセスと同じ。

Type 3　衆生を救うために
仏が姿を変えたのが神

本地垂迹説

神は仏が権りに現れたものとし、神と仏とのあいだに個別の関係が生まれた。八幡大権現、熊野権現など神々に「権現号」が与えられ、神社を介し、庶民が仏教に触れる機会にもなった。

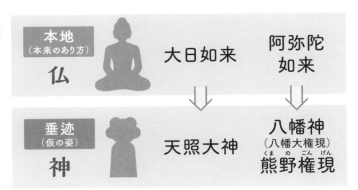

本地 （本来のあり方） 仏	大日如来	阿弥陀 如来
	⇩	⇩
垂迹 （仮の姿） 神	天照大神	八幡神 （八幡大権現） 熊野権現

本地垂迹説　神が仏に従う形式で神仏習合が成立していく

　平安時代中期に登場したのが本地垂迹説。仏教の仏・菩薩が日本の人々を救うために、神々に姿を変えて出現したという考え。仏・菩薩が本地、神々を垂迹として捉え、それぞれ対応する神仏も固定されていきます。たとえば、大日如来の化身が天照大神、阿弥陀如来は八幡神といったペアが生まれています。

　一方、鎌倉時代中頃より、神仏の立場が逆転した反本地垂迹（神本仏迹）説もあらわれます。神道側が仏教に従属することに不満を抱いたことがわかります。

山岳信仰 山は古代から続く自然への畏敬の念と祖霊観の象徴

古代より山は霊的な場所とされ、信仰の対象となっていました。たとえば火山には畏怖の念とともに噴火を鎮めるために祈りを捧げ、また大半が農耕生活を送っていた日本人にとって、水源となる山は豊穣の源、恵みをもたらす存在として信仰されました。

さらに、死者の霊魂は時間が経つと、個人の霊魂から祖霊という集合体に移り変わり、祖霊は山に鎮座し、子孫を見守るとも考えられていました。

山のもつ自然の力への畏敬の念と祖霊観があいまって山岳信仰が形成されていったのです。

日本人の宗教観を支える山

国土の75%が山地の日本。山は日本人の精神文化に大きく影響しています。

里 ⟷ 日常の領域（此岸・現世）

生活の根源である山が信仰対象に

農耕を行う里の民にとって、水源がある山は生活の根源。山は樹木や果実などの日常生活を豊かにする恵みに満ち、さらに霊魂が宿る神秘的な場所。神仏と一体化して捉えられた。

祖霊信仰

死ぬと人の霊魂はあの世である山に宿る、祖霊になり、子孫に影響を与えると考えられた。

修験道 山で修行し、神秘的な力を得る

　比叡山、高野山が開かれたように、仏教でも山は修行の場として神聖視されていました。修験道は、仏教が在来の山岳信仰と融合して誕生した日本独自の宗教。神仏習合が生み出したものともいえるでしょう。

　7世紀頃の役小角が修験道の開祖とされますが、実際には平安時代中頃から、大峰山を根本道場として発展。天台密教、真言密教との関わりあいのなかで、山岳（自然）のなかで修行をし、自然と一体化することで大日如来と一体化するという教義、修行体系が整備され、行者（山伏）の民衆布教も盛んでした。

山 ← 神秘の領域（彼岸・来世） →

神様・仏様

水源
獲物や資源などをもたらす山は古代から信仰対象。農耕開始以降、水源としても大切な場所に。

霊魂
↓
祖霊

元祖山伏

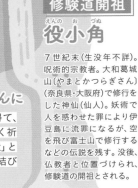

修験道開祖
役小角

7世紀末（生没年不詳）。呪術的宗教者。大和葛城山（やまとかつらぎさん）（奈良県・大阪府）で修行をした神仙（仙人）。妖術で人を惑わせた罪により伊豆島に流罪になるが、空を飛び富士山で修行するなどの伝説を残す。没後、仏教者と位置づけられ、修験道の開祖とされる。

中世以降修験道が盛んに
山で修行をし、神秘的な力を得て、民のために邪神・邪霊をとり除く祈祷や占いを行う。行者は「山伏」と呼ばれる。天台・真言密教との結びつきが強い。

加持祈祷 密教儀礼で救済の力を現世利益に

加持とは仏の救済の力（加護）を衆生が受持することを意味し、祈祷は神仏に祈ることで加持を得るためのひとつの手段。平安時代、密教が隆盛を極め、現世利益を求める貴族たちの求めにより盛んに行われるようになりました。仏教の儀礼は奈良時代から鎮護国家仏教の祈願として存在しましたが、密教が発展すると、加持祈祷として整備されていきます。

加持祈祷のひとつに、護摩があります。護摩はサンスクリット語のホーマ（ものを焼くという意味）の音写語。不動明王（P195）や愛染明王の前で護摩を焚き、真言をとなえます。そうすることで、煩悩が焼き尽くされ、願いが浄化されるのです。

加持祈祷には目的別に4つの修法が定められていて、護摩壇の形式や時間帯など細かく分かれています。

加持祈祷の4つの修法

1 息災法
天災や病気、戦禍の厄災を滅する法。

2 増益法
長寿、幸福になるための法。

3 降伏法
怨霊や魔物を退散させるための法。

4 敬愛法
親睦や和合をはかるための法。

仏の智慧

加持
衆生を救わんとする仏の大きな慈悲の心、救済の力を、衆生が受持すること。

乳木
供養に用いる護摩木。乳汁（樹液）を含む木という意味。生木を用いるのが正式とされる。

壇木
乾燥させた木材を角柱に切った護摩木。

天台・真言密教により体系化

奈良時代以降、国家護持、雨乞い、五穀豊穣、病気平癒、安産などの儀礼が行われてきた。これらの密教儀礼は天台密教、真言密教により体系化されていく。

煩悩を智慧の炎で焼き尽くす

加持祈祷は現世利益だけでなく、行者自身が悟りを目指すものです。

壇線
（だん　せん）
五色の縄で結界を張り、聖域をつくる。

祈祷
現世利益を求め、仏に真言や陀羅尼（P131）、賛歌を捧げる。これにより加持を得られる。

日本人に馴染み深い
春夏秋冬 仏教行事

春 & 秋

彼岸会（ひがんえ）

真西に沈む太陽に向かい、南無阿弥陀仏

春と秋に行われる彼岸は、日本独自の風習。彼岸とは、向こう岸のことで、悟りの世界を指し、この世（此岸）からあの世（彼岸）に渡ることを到彼岸（とうひがん）と呼ぶ（P97）。浄土信仰に由来し、春分の日、秋分の日を中日とし、計7日間がお彼岸。真西に太陽が沈むときに西方極楽浄土に向かい手を合わせることが祖霊供養と結びつき、お墓参りが風習に。

春分・秋分の時期は、田植え・収穫と農耕の節目。生活の区切りの行事として広まった。

あずきの赤色に邪気払いの力があるとされ、春は牡丹から「ぼたもち」、秋は萩から「おはぎ」と呼ばれて好んで食された。

甘茶を混ぜた墨で「ちはやぶる卯月八日は吉日よ　神下げ虫を成敗ぞする」と記した紙を逆さに戸口に貼り、虫封じにする地方もある。

春

花祭り

甘茶を飲んで無病息災

花祭りは、灌仏会（かんぶつえ）、仏生会（ぶっしょうえ）、降誕会（ごうたんえ）などと呼ばれ、お釈迦様の誕生を祝う会。花御堂というお堂のなかに、小さいお釈迦様の像が安置されており、甘茶を注ぐ。ルンビニー園での誕生時の出来事（P20）を模したもの。

夏

盆踊り	精霊流し
祖霊を歓迎し、あの世で穏やかに過ごせるように踊りで祈りを捧げる。	鮮やかな絵が描かれたとうろうを、小舟に乗せ、川や海に流す。

盂蘭盆会
百味飲食を捧げる夏の祖霊供養

通称お盆。盂蘭盆は「飯がのった盆」の意。神通第一の目連（P37）が、神通力で亡き母親の様子を覗き見ると、母親は餓鬼道（P48）におち、苦しんでいた。目連はお釈迦様に相談。お釈迦様から夏安居（雨季の修行）を終える僧侶に百味飲食を捧げることを提案される。目連は僧侶に食事の布施をし、無事に母を救い出した。この話が、祖霊供養の魂祭りと融合。先祖の霊を迎え供養する行事に変化。

精霊馬（しょうりょううま）。きゅうりの馬、なすの牛は、祖霊があの世とこの世を行き来するための乗り物。

\ 7月13日（月遅れ盆は8月）/

入り： 位牌に夏野菜を供えた精霊棚を用意。迎え火で祖霊を迎える。

\ 7月14〜15日 /

お盆・ 朝昼晩と供物を捧げ、線香、花、灯明を絶やさない。

迎え火・送り火。祖霊が迷わないよう、素焼きのほうろくに麻がら（麻の茎）をくんで火をつける。

\ 7月16日 /

明け： 送り火を焚いて祖霊を送る。

※お盆の時期はさまざま。

施餓鬼会
餓鬼道におちた亡者に供物を捧げる

多聞第一の阿難（P37）が、焔口という餓鬼に「お前は餓鬼道におちる！」と告げられる。阿難がお釈迦様に相談すると「供物を捧げ陀羅尼（P131）をとなえれば、一切の餓鬼に食事が行き渡り救われる」と言われる。お盆の時期に行われることが多く、新亡の供養をする法要として広く行われている。

お盆の時期に行われる五山送り火（大文字焼）や花火なども、祖霊を送る送り火のひとつ。

冬

成道会
<ruby>成<rt>じょう</rt></ruby><ruby>道<rt>どう</rt></ruby><ruby>会<rt>え</rt></ruby>

お釈迦様が悟りを開いた日を祝う

お釈迦様が悟りを開いた日（12月8日）を祝う法要。旧歴12月を臘月ということから臘八会とも。おもに曹洞宗では、12月1〜8日、昼夜を通して坐禅を行う臘八接心が行われる。修行が明ける8日は、早朝から読経が営まれ、スジャータの乳粥（P26）を模した五味粥（臘八粥）を食す。

檀信徒も参加し、臘八接心を行う曹洞宗の寺院もある。

除夜会
<ruby>除<rt>じょ</rt></ruby><ruby>夜<rt>や</rt></ruby><ruby>会<rt>え</rt></ruby>

一年間の罪業を懺悔し、煩悩の数だけ鐘をつく

除夜（大晦日から元旦にかけての夜）に行う法要。一年をふり返り、自分の罪業を懺悔し、来る年の平安を祈願する。また、寺院では鐘を煩悩の数とされる108回つく。中国の寺院行事を起源とし、鎌倉・室町時代に伝わった。

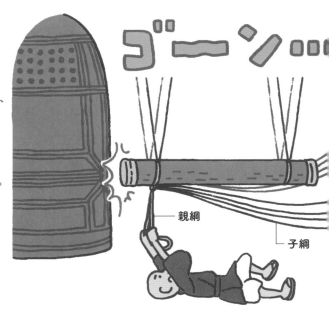

ゴーーン…

親綱

子綱

浄土宗の総本山知恩院には重さ約70トンもの釣鐘がある。除夜には16人の僧侶が子綱を持ち、ひとりの僧侶があおむけになり鐘をつく。

白い柳の杖を持つ僧侶が、鬼を追う追儺の儀式も行われる。

修正会
しゅ　しょう　え

国家安泰、五穀豊穣を祈るお正月の法要

通常年が明けた正月に行われる法要。寺院によって異なるが約7日間かけて前年の悪を正したり、新年の国家安泰、五穀豊穣を祈る。疫神・疫鬼を払う追儺が行われることも。

涅槃会
ね　はん　え

涅槃図をかかげ、お釈迦様を偲ぶ
しの

お釈迦様が亡くなり、涅槃に入られた2月15日（月遅れの場合3月）に、お釈迦様の涅槃図をかかげて法要が営まれる。このとき仏舎利（お釈迦様の遺骨）になぞらえ、仏教思想にもとづく5色（黄・赤・白・黒・青）の涅槃団子が配られることも。厄除けのご利益があると考えられている。
ぶっしゃり
ねはんだんご

法要後、涅槃団子を参詣者にまく「団子まき」が開かれる寺院もある。

死者の魂を浄化、ブッダの国に送り出す

日本人の霊魂観は神祇信仰と仏教思想が融合して形成されたもの。
仏教は死者供養を通じて民衆に広まっていきました。

神祇信仰と仏教の死生観

荒ぶる魂を鎮めるという神祇信仰の霊魂観が仏教の供養システムに合致。

神祇信仰

**ホトケから
カミへと変化**

神祇信仰では、死者の霊魂（タマ）は子孫たちによりくり返し供養され、祖霊（カミ）へと昇華すると考えられてきた。

祟る
恐れがある。

死者　　アラタマ（荒魂）　　タマ　　霊（ホトケ）

死んで間もない、新亡の霊（ホトケ）で荒ぶっている霊魂（タマ）。

仏教

**祖霊供養に
仏教が融合**

神祇信仰の祖霊供養の考えに、仏教が融合。子孫により死者の冥福を願う13回の追善法要が広まった。右は冥界裁判の各王と十三仏（各王は化身とされる）。

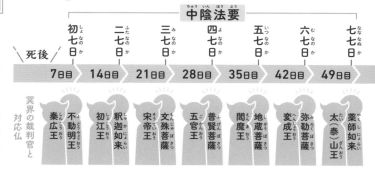

13の追善法要

中陰法要

死後 ／

	初七日	二七日	三七日	四七日	五七日	六七日	七七日
	7日目	14日目	21日目	28日目	35日目	42日目	49日目

冥界の裁判官と対応仏

泰広王／不動明王　初江王／釈迦如来　宋帝王／文殊菩薩　五官王／普賢菩薩　閻魔王／地蔵菩薩　変成王／弥勒菩薩　太（泰）山王／薬師如来

仏教は死者の霊魂を
鎮める役割

　亡くなったばかりの死者の霊魂は荒ぶっていて（荒魂）、生者に祟ることもある存在でした。死者に怯え、荒魂が穏やかになる（和魂）ように、生者は祭祀をして霊魂を鎮めていました。やがて和魂は個性が消失し、祖霊（カミ）という霊魂の集合体に吸収されていきます。それと仏教の思想や礼儀が結びつき。人々は霊魂に働きかける方法を入手しました。

【四有（輪廻転生）】

本有
生まれてから
死ぬまでの期間

生有
生まれる瞬間

輪廻転生では
4つの状態を
くり返す。

死有
死ぬ瞬間

中有（中陰）
死んでから
転生するまでの期間

祖霊

32年目　カミ

霊（ホトケ）

タマ

ニギタマ（和魂）
死んでから時間が経ち、穏やかで調和的になった霊魂。

三十三回忌（32年目）または五十回忌（49年目）で弔い上げ。個性を失った霊魂の集合体（祖霊）になる。

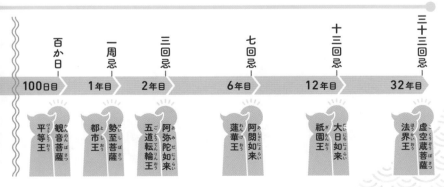

13回の冥界裁判の際に、浄土への往生を願って法要を営む。『預修十王生七経（よしゅうじゅうおうしょうしちきょう）』に書かれた十王（秦広王〜五道転輪王）に、室町以降に三王が加わえられた。

百か日	一周忌	三回忌	七回忌	十三回忌	三十三回忌
100日目	1年目	2年目	6年目	12年目	32年目
平等王 観音菩薩	都市王 勢至菩薩	五道転輪王 阿弥陀如来	蓮華王 阿閦如来	祇園王 大日如来	法界王 虚空蔵菩薩

『往生要集』で広まった地獄巡りと浄土思想

平安時代の天台宗僧侶・源信が著した『往生要集』は極楽往生を説く書物で、日本に浄土教が広まるきっかけとなりました。そのなかに八大地獄が説かれ、日本人の他界観形成に大きな影響を与えました。

また恐ろしい地獄との対比で、極楽浄土への憧れが生まれます。

浄土教の普及により、成仏していない死者は荒ぶる怖い存在ではなく、地獄などで苦しむ哀れで弱い存在に。

一方、生者も死後への恐れを抱くようになります。その結果、極楽浄土が人気を得ていきます。

八大地獄

前世の罪がもっとも重い者たちがおちる。須弥山（P178）の南にある閻浮提の地下に広がる八種の世界。

地下1千由旬
（1由旬＝約7km）
に広がる。

等活地獄

殺し合いと鬼による殺戮のくり返し

殺生した者がおちる世界。死者同士が24時間、骨になるまで闘い続ける。等活は蘇生の意味で、獄卒が鉄棒や刀で体を砕くが、殺されてもすぐに蘇生し、くり返し殺される。

獄卒（地獄の鬼）

さらに地下へ

五七日
（いつなのか）

閻魔王の審判
（えんまおう）

第5番目（五七日）の裁判官。インドの神話に登場する夜摩（やま）がモデルだが、ビジュアルは中国・道教の影響を受けている。生前の行いの善悪を裁く。

地蔵菩薩の化身
十三仏は、後に菩薩や如来の化身とされた。閻魔王は地蔵菩薩の化身。

浄玻璃鏡
（じょうはりのかがみ）
閻魔王が生前の善悪を審判するときに使われる水晶の鏡。

黒縄地獄
（こくじょうじごく）

盗人がさいの目に切り刻まれる

殺生と盗みを働いた者がおちる世界。黒縄は、板に印をつける墨の縄（大工道具）。鉄板に寝かされた体に線を引かれさいの目に切られる。風が吹くと肉片は元に戻り、これをくり返す。

167

さらに
地下へ

さらに
地下へ

衆合地獄

淫乱な人が刃物の樹木を
のぼり降りする

殺生、盗み、邪淫をお
かした者がおちる世
界。淫乱な罪人が、樹
上にいる美男美女に
ひかれ、永遠に研樹
（刃物でできた葉の
樹木）を登り降りする。
また、両側から山が
押し迫り、つぶされ
たりする。

焦熱地獄

邪見をもつ者が
猛火で苦しむ

殺生、盗み、邪淫、嘘、
飲酒に加え、仏教と
は異なる考え（邪見）
をもつ者がおちる世
界。猛火のなか、鉄
棒で打たれ続け、鉄
板の上で串刺しにさ
れる。

大焦熱地獄

強姦罪をおかした者が苦しむ

殺生、盗み、邪淫、嘘つき、飲酒、邪見
に加えて、尼僧や童女などへの強姦罪
をおかした者がおちる世界。苦しみの
大きさは焦熱地獄の10倍。

さらに
地下へ

地下
最下層へ

叫喚地獄
きょう　かん　じ　ごく

酒の代わりに熱した銅を流し込まれる

殺生、盗み、邪淫に加え、飲酒の罪をおかした者がおちる世界。獄卒が鉄ばさみで口を開き、煮えたぎった銅を流し込まれ、火あぶりにされる。

大叫喚地獄
だい　きょう　かん　じ　ごく

嘘つきが舌を抜かれる

さらに嘘をついた人がおちる世界。鉄ばさみで舌を抜かれる。苦しみの大きさは叫喚地獄の10倍。

さらに
地下へ

さらに
地下へ

五逆罪

父を殺す、母を殺す、阿羅漢を殺す、仏を傷つける、サンガを分裂させる、という5つの罪。

阿鼻地獄
あ　び　じ　ごく

五逆をおかした者が無間に苦しむ

五逆罪をおかした者が、2000年間落下し続けて到達する世界。研樹、刀山、熱湯などの苦しみが絶えまなく続く。「阿鼻」はサンスクリット語の「アヴィーチ(間がない)」の音写。別名「無間地獄」。
む　げん　じ　ごく

亡き人を弔う枕飾り

枕飾りなどは仏教の教義由来というより、民俗的慣習の影響。

北枕

お釈迦様の入滅の姿（P40）に由来している。

守り刀

魔よけの意味がある。

しきみ

さまざまな仏事に用いられる植物。

枕団子

枕飯と同様。供え方には地域ごとの習慣がある。

燭台

ろうそく立て。火を消すときは手であおぐ。

枕飯・水

亡きお釈迦様に、弟子たちが供えたことに由来。

香炉

仏教儀礼に必須のお香。昔は死臭を紛らわす目的も。

鈴

邪気払い、供養、リズムとりなど諸説ある。

通夜・葬儀式 僧侶の助けで仏弟子になった魂を浄土に送る

通夜は夜通し遺体とともに過ごすことが本義。翌日には荼毘にふして遺骨となってしまうので、故人との最後の夜を、親族は別れを惜しみつつ過ごします。

通夜も含めた葬送儀礼の主目的は、死者の霊魂を浄土（仏様が司る浄らかな国）に見送ること。死者は受戒をして正式な仏弟子となった状態で、浄土に旅立ちます。浄土真宗以外では、浄土への出発の儀式として死者に引導を渡します。引導により霊魂は旅立ち、遺体は抜け殻となるので、荼毘にふせます。

死者供養の流れ

通夜から初七日は故人をいたみたくさんの儀式が行われます。

枕経（まくら ぎょう）

亡くなった方の枕元でお経をあげる儀式。浄土真宗では臨終勤行（りんじゅうごん）と呼ぶ。戒名を授けることもある。

通夜（つ や）

葬式前夜に行われる儀式。一夜を故人と過ごすのがもともとの意味。近親者がなきがらとともに過ごせる最後の夜。

火葬

地域で異なるが、荼毘にふす前に僧侶が読経し、合掌で送り出す。

葬儀式

故人をこの世から送り出すため引導を授ける儀式。導師（どう し）（中心となる僧侶）が法語をよみあげる。なお日蓮宗、浄土真宗では授戒（じゅかい）を行わない。

浄土宗の導師の正装のひとつ。七条袈裟（しちじょうげさ）をつけ、水冠（すいかん）と呼ばれる帽子（もうす）をかぶる。

密教系	禅系	浄土宗
天台宗、真言宗では指を鳴らし邪気を払う「弾指（だんじ）」が行われる。	金の鳴り物「引磬（いんきん）」「太鼓」シンバルのような「妙鉢（みょうはち）」で成仏を祈る。	参列者とともにお十念（P137）をとなえる。

骨上げ（こつ あ）（収骨 しゅうこつ）

二人一組で骨壺に入れる骨上げの儀（あの世への橋渡しの意で仏教由来ではない）。

【 焼香（刻み香）の回数は？ 】

空気を浄め、邪気を払う。刻み香をつまみ、香炉にくべることで香りが立ち昇る。

1回　浄土宗は左手を下に添え、ややおしいただく（回数の規定はない）。臨済宗は額まで。浄土真宗本願寺派はおしいただかず1回。

2回　真宗大谷派はおしいただかず2回。曹洞宗は額までおしいただき念じたあと2回は直接香炉へ。

3回　密教系は額までおしいただき3回。日蓮宗は1～3回（派で異なる）。

還骨法要（かん こつ ほう よう）／初七日（しょ なの か）

遺骨を自宅や本堂などに安置して行う法要を還骨法要と呼ぶ。これを初七日ということもあり、葬儀式とあわせて行うこともある。

戒名 仏弟子としての名前を与える

戒名は受戒をした証としての名前。受戒することで仏教に従い生きることを誓い、俗世の名前を捨て、戒名とともに仏弟子としての人生を歩みます。戒名は本来生前に受戒するもの。受戒が必須の僧侶は、みんな戒名をもっています。現代は、生前戒名は稀で、死後に簡易的な受戒儀礼を行い、死者に戒名を授けるのが一般的です。菩提寺の僧侶が、生前の人柄、生涯が偲ばれる戒名を考えて授けます。

宗派別戒名の特徴

宗派により戒名や位牌に特定の文字・用語が用いられることがあります。

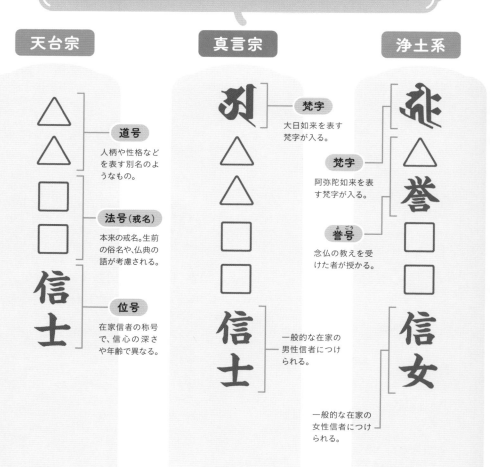

天台宗

道号
人柄や性格などを表す別名のようなもの。

法号（戒名）
本来の戒名。生前の俗名や、仏典の語が考慮される。

位号
在家信者の称号で、信心の深さや年齢で異なる。

真言宗

梵字
大日如来を表す梵字が入る。

一般的な在家の男性信者につけられる。

浄土系

梵字
阿弥陀如来を表す梵字が入る。

誉号
念仏の教えを受けた者が授かる。

一般的な在家の女性信者につけられる。

【 焼香（線香）の本数は？ 】

線香を用いる場合、宗派により本数と、立てるか寝かせるかの違いがある。

1本

浄土宗は規定がないが通常1本を立てる。臨済宗、曹洞宗も1本。浄土真宗本願寺派は、1本を2〜3回折り、火がついた部分を左にして寝かせる。

2本

真宗大谷派は2本を、2〜3回折り、火のついた部分を左にして寝かせる。

3本

密教系は3本を立てる。日蓮宗は1〜3本（派で異なる）。

道号、法号、位号の6文字が一般的。院号や居士・大姉は特別なケースでつけられる。

禅系

新帰元○○院△△□□居士霊位

新帰元

新亡の意。本位牌をつくる以前の、白木位牌に記す。

居士

生前、信心があつかった在家の男性信者につけられる。

霊位

霊として存在していることを示す。白木位牌のときに位号の下につける。

日蓮系

妙法○○院△△日□大姉

妙法

妙法蓮華経の「妙法」。

日号

篤信の男性信者には日蓮にちなみ「日」、女性信者には「妙」がつけられる。

生前、信心があつかった在家の女性信者につけられる。

浄土真宗

法名○○院釋○○

法名

戒名ではなく法名という。

オプション
院号

貴族の建立した寺院の院号が起源。必ずつけるものではない。

釋号（しゃくごう）

仏弟子を意味する。男性は「釋」、女性は「釋尼」。派によっては男女ともに「釋」が用いられる。

本尊のいる世界を再現する仏壇

仏壇は家庭のなかにあった先祖の霊をまつる祭壇、仏像をまつっていた持仏堂などその由来は諸説ありますが、現在の仏壇は仏様の世界を表しているといってよいでしょう。

最上段のセンターには本尊（仏像、仏画、大曼荼羅、名号など）を安置、その周囲に先祖の位牌を並べます。これは浄土において、仏様のもとで先だった先祖たちが仲睦まじく過ごしている様子を表しています。仏壇は死者や仏様との無限のつながりを感じられる場所でもあります。

基本的な仏壇のしくみ

基本形を踏まえつつ、現代では家の状況に応じ、大小さまざまな仏壇が流通。

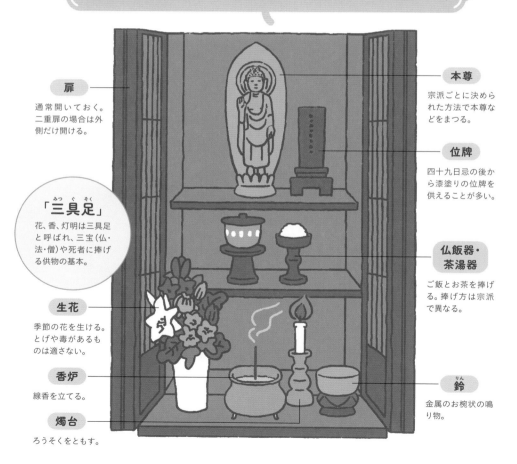

扉

通常開いておく。二重扉の場合は外側だけ開ける。

本尊

宗派ごとに決められた方法で本尊などをまつる。

位牌

四十九日忌の後から漆塗りの位牌を供えることが多い。

「三具足」

花、香、灯明は三具足と呼ばれ、三宝（仏・法・僧）や死者に捧げる供物の基本。

仏飯器・茶湯器

ご飯とお茶を捧げる。捧げ方は宗派で異なる。

生花

季節の花を生ける。とげや毒があるものは適さない。

香炉

線香を立てる。

燭台

ろうそくをともす。

鈴

金属のお椀状の鳴り物。

お墓 亡き人の魂を宿す墓石

お釈迦様が亡くなったとき、遺骨を埋葬した土の上に塔（ストゥーパ）を建てました（P73）。現在においても、お墓に墓石や墓標を建てるのは、ストゥーパに由来しているようです。

また、墓石は霊魂の依代とも考えられ

ています。依代とは、霊魂が宿るところ。新しくお墓を建てたときに僧侶が行うのが、墓石に魂を入れる開眼の儀式。これにより墓石は依代となりますが、墓じまいでは逆に魂を抜く閉眼（抜魂）儀礼が必要になります。

基本的なお墓のしくみ

現代は縦長角柱型か横長掲示板型が主流。昔は五輪塔や大きな板碑型も。

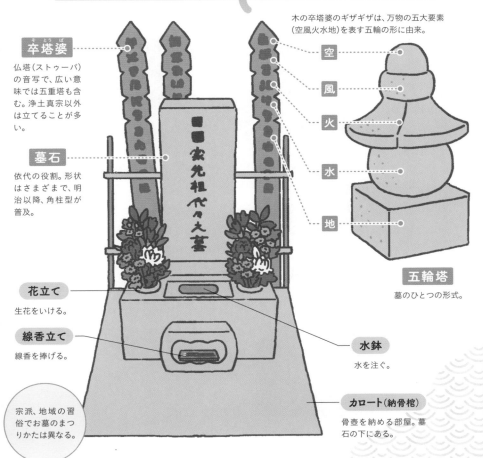

木の卒塔婆のギザギザは、万物の五大要素（空風火水地）を表す五輪の形に由来。

空
風
火
水
地

卒塔婆
仏塔（ストゥーパ）の音写で、広い意味では五重塔も含む。浄土真宗以外は立てることが多い。

墓石
依代の役割。形状はさまざまで、明治以降、角柱型が普及。

五輪塔
墓のひとつの形式。

花立て
生花をいける。

線香立て
線香を捧げる。

水鉢
水を注ぐ。

カロート（納骨棺）
骨壺を納める部屋。墓石の下にある。

宗派、地域の習俗でお墓のまつりかたは異なる。

廃仏毀釈

神仏分離政策により起きた仏教排斥運動

　明治維新を迎え、1868年に薩長連合による新政権は神仏分離政策をとりました。王政を復古させ、祭政を一致させるために、それまで続いてきた神仏習合（**P154**）を禁じたのです。寺請制度によって江戸幕府の庇護のもとにあった仏教を排斥し、神道を国教化することが、新政権にとって急務でした。

　1870年には、明治天皇の名のもとに大教宣布 詔 が出されます。これにより全国で起きたムーブメントが廃仏毀釈でした。寺院や仏像、仏教の書物などを破壊（廃仏）、お釈迦様の説いた教えを捨てる（毀釈）運動です。

島地黙雷
（1838〜1911）

浄土真宗本願寺派僧侶。1872年仏教徒として初めてヨーロッパを視察した。政教分離、信教の自由の必要性を説く。

　神社に所属していた僧侶は強制的に還俗（僧籍を離れて俗人に戻る）させられ、寺院の運営も布教もままならなくなりました。神宮寺（**P154**）は廃止され、権現号も禁止。信仰対象であり文化的な価値が高い仏像や寺院などの建築物も壊されました。神仏習合で培われてきた日本独自の精神文化も失われていきました。

島地黙雷とフェノロサの活動で救われた

　このような流れに逆らったのが、ヨーロッパへの留学経験をもつ浄土真宗本願寺派の僧侶、島地黙雷でした。仏教が衰退すれば、日本はキリスト教に対抗できなくなることを懸念。明治政府に信教の自由を保障させ、政教分離を認めさせました。

　また各地の仏像は、アメリカの東洋美術史家フェノロサによってその美術的価値が再発見されました。フェノロサの弟子であり、のちに東京美術学校（現：東京藝術大学）の設立に関わる岡倉天心らとともに文化財として保護され、世界にその価値が広まりました。

Part 5

ブッダの世界をこの世に再現

仏像・寺院のしくみ

仏教の世界観

風輪が宇宙に広がり、その上に世界が存在する

仏教では世界の中心に須弥山という山があると考えます。
須弥山は古代インドの宇宙論にあらわれるもので、仏教にもとり込まれました。

須弥山世界 古代インドの宇宙論が仏教にとり入れられた

須弥山を中心にいくつかの山や海、また島によって成り立つ世界が須弥山世界です。

その世界は器世間と有情世間に分類されます。世界の底辺には風輪があり、そのうえに水輪、金輪が重なります。金輪の中心に須弥山がそびえ、その周りを七重の山脈（七金山）が囲みます。須弥山、七金山、金輪の際を囲む山脈（鉄囲山）のあいだに海があり、4つの島（大陸）が存在し、そのうち南にある贍部洲が私たちの住む場所とされます。須弥山上空には神々が住み、そのてっぺんに色究竟天があり、風輪からこの色究竟天までが器世間とされます。

一方、有情世間は私たちが生まれ変わり死に変わり輪廻する世界のこと。贍部洲の地下には8種の地獄（**P166**）があるとされます。この地獄から色究竟天のなかで衆生（有情）は輪廻します。

世界の中心に約56万kmの山がそびえ立つ

5世紀に書かれた『倶舎論』で触れられている、古代インドで生まれた仏教の世界観。

宇宙に風輪が浮かび、その上に水輪、金輪がある。金輪の上には8つの回廊状の海があり、4つの島が浮かぶ。そのうち南側にあるのが、人間界や地獄がある贍部洲。

中央に高さ8万由旬（地下に8万由旬、1由旬＝約7km）の須弥山がそびえ立ち、さまざまな生きもの（衆生）が暮らしている。須弥山の南斜面は瑠璃でできていて、空を青く輝かせている。

鉄囲山

もっとも外側は鉄の山脈で囲われている（内側の山脈はすべて金）。

贍部洲

須弥山のまわりにある4つの国のひとつ。南に位置し、人間道がある。この地下に地獄道が広がる。頂上はヒマラヤ山脈がモデル。

風輪

須弥山世界の様子

あらゆる生き物が須弥山を中心とした世界で暮らしています。

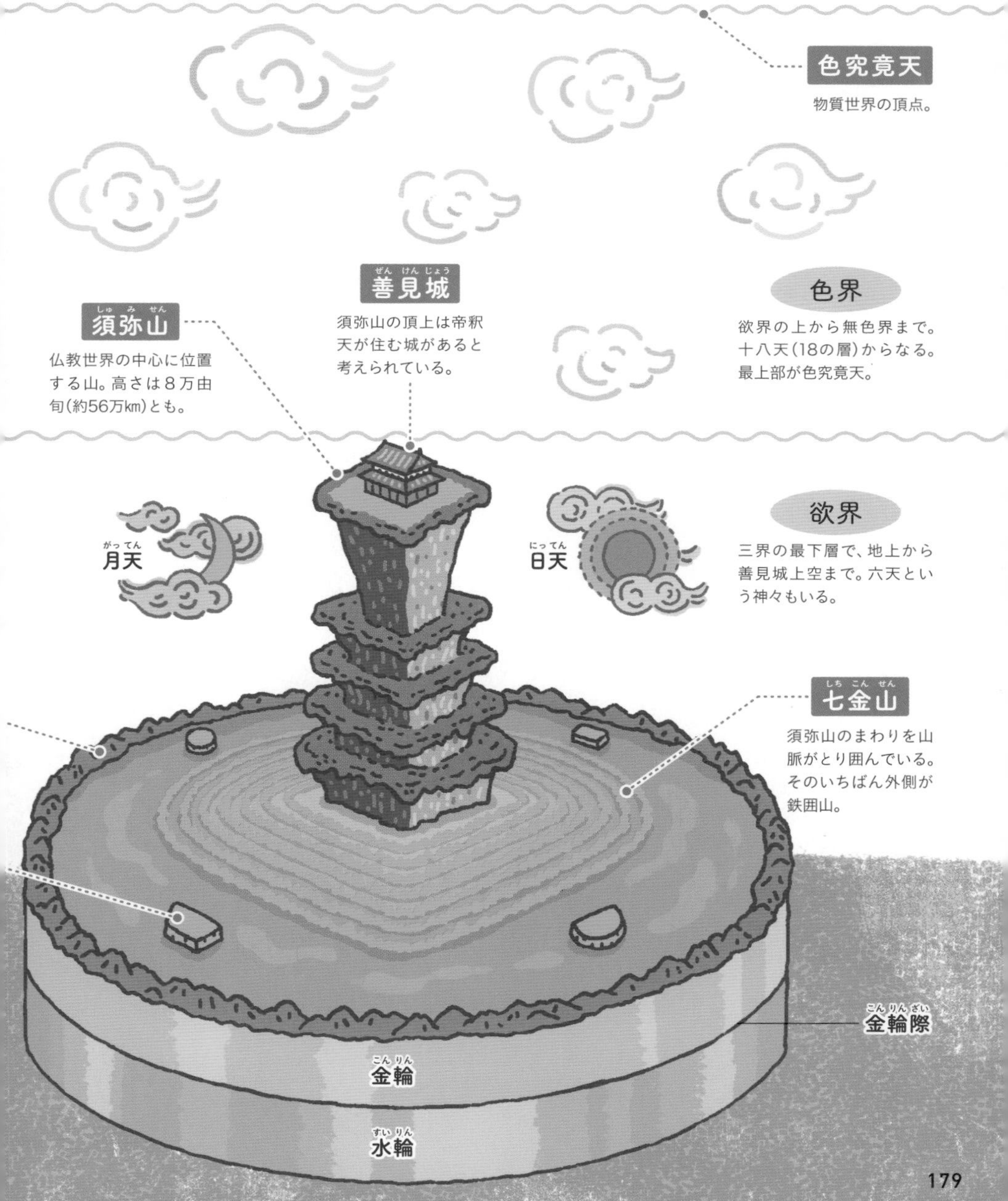

色究竟天

物質世界の頂点。

善見城

須弥山の頂上は帝釈天が住む城があると考えられている。

須弥山

仏教世界の中心に位置する山。高さは8万由旬（約56万km）とも。

色界

欲界の上から無色界まで。十八天（18の層）からなる。最上部が色究竟天。

月天

日天

欲界

三界の最下層で、地上から善見城上空まで。六天という神々もいる。

七金山

須弥山のまわりを山脈がとり囲んでいる。そのいちばん外側が鉄囲山。

金輪際

金輪

水輪

179

仏典にあらわれる仏様の種類

いわゆる「仏様」は如来・菩薩・明王・天の4種に分類されます。

如来部

悟りを開いたもっとも尊い仏様

悟りを開いた者、つまりブッダのこと。基本は成道後のお釈迦様。質素な衣をまとい、手には印を結ぶ（P182）。大乗仏教以降、さまざまな如来が経典のなかに登場し、まつられるようになった。

釈迦如来
（P186）

薬師如来
（P188）

阿弥陀如来
（P190）

毘盧遮那仏
（P192）

大日如来
（P194）

など

菩薩部

真理を求め、衆生救済する仏様

悟りを求め、修行を続ける仏たち。菩薩とは、菩提薩埵（P87）の略。悟る前のお釈迦様をモデルにしているため、髪を結い、装飾品を身につけている。大乗仏教の発展とともに、さまざまな菩薩が生まれ、民間の信仰もあつい。

普賢菩薩
（P186）

文殊菩薩
（P187）

月光菩薩
（P188）

日光菩薩
（P189）

勢至菩薩
（P190）

観音菩薩
（P191）

地蔵菩薩
（P196）

弥勒菩薩
（P197）

など

明王部

忿怒の形相で 衆生を教化する仏様

多くが密教で説かれる仏たち。もともとはインドの神々で、バラモン教やヒンドゥー教で大切にされた。忿怒の形相で仏教を妨げる者などを教化する。

不動明王
（P195）

【そのほかの部】

垂迹部

日本の神様が仏をまもる護法善神となったもの。七福神（P203）など。

羅漢／祖師

高僧（阿羅漢）や宗派の開祖（祖師）の像や絵をたてまつる。

天部　仏教世界をまもってくれるインドの神々

仏教に帰依し、ブッダやその教えをまもる善神（P155）となったインドの神々。もともとはバラモン教やヒンドゥー教の経典にあらわれる。神でありながら、輪廻に苦しみ、修行をする身。仏教世界をまもっている。

梵天
（P198）

帝釈天
（P199）

広目天
（P200）

増長天
（P200）

多聞天
（P201）

持国天
（P201）

阿修羅
（P202）

など

仏様 如来、菩薩、明王、天の4分類が基本

　あらゆる衆生は、三界（P48）のどこかで苦しんでいます。

　如来をはじめ、菩薩・明王・天部は衆生救済のためにそのなかで活動。菩薩は悟りを目指す存在。明王はもともとはバラモン教の神様で、密教で説かれます。天

部もバラモン教の神様が仏教にとり入れられたもの。みんな、苦しむ人々のために働き、仏教をまもります。

　一方、如来は完全に悟った存在。それぞれが自分の世界（仏国土）を有し、その世界を治めています。

如来の吉相 **如来にだけあらわれる特徴がある**

如来は常人にない身体的特徴をもつと考えられています。信仰の対象として仏像が造立されるようになると、その特徴も表現されるようになりました。

32種あるこの特徴は、三十二相と呼ばれます。古代インドでは、偉大な王が三十二相をもつと伝えられ、これが仏教にもとり入れられたものと考えられます。さらに細かい80種の特徴もあり、これは八十種好（はちじっしゅこう）と称されます。

如来が語りかける！　さまざまな印相

如来の手と指の形を印相といいます。印相で如来のメッセージがわかります。

恐れなくても大丈夫！

施無畏印（せむいいん）

前に向けたてのひらには、相手をはげます意味がある。

なんでも言ってごらん！

与願印（よがんいん）

手を下げ、てのひらを前に向ける。

真理を説きますよ！

転法輪印（てんぼうりんいん）

釈迦如来の印相のひとつで法輪を転ずる、つまり真理を説く意味。親指で輪をつくる。「説法印」とも。

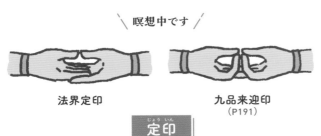

瞑想中です

法界定印　　　九品来迎印（P191）

定印（じょういん）

「禅定印」「法界定印」とも。瞑想のときの組み方。密教では、左手に右手を重ねる法界定印。浄土教では親指と人さし指（または中指、薬指）で輪をつくる九品来迎（くぼんらいごう）の印相があり、バリエーション豊富。

悪魔よ去れ！

触地印（そくちいん）

降魔印（ごうまいん）とも。てのひらを下にして、指先で地面に触れる。成道前にマーラの妨害を退けたポーズ（P27）。

如来の「三十二相」

如来にだけあらわれる32の身体的な特徴。ほかに80の特徴もあります。

足下安平立相（そく げ あん びょうりゅう そう）	偏平足。歩くときに足裏と地面が密着。
足下二輪相（そく げ に りん そう）	足裏に法輪の模様があらわれる（P74）。
長指相（ちょう し そう）	10本の手指、足指が長く繊細。
足跟広平相（そく げん こう びょう そう）	かかとが広くてたいら。
手足指縵網相（しゅ そく し まん もう そう）	手足の指間に水かきのような金膜がある。
手足柔軟相（しゅ そく にゅうなん そう）	手足がやわらかくふっくらして赤色。
足趺高満相（そく ふ こう まん そう）	足の甲が亀の甲のように盛り上がっている。
伊泥延膞相（い でい えん はく そう）	ふくらはぎが鹿のように丸く美しい形。
正立手摩膝相（しょうりゅう しゅ ま しつ そう）	直立したときに、両手がひざに届くくらい長い。
陰蔵相（おん ぞう そう）	男根が馬のように体内に隠されている。
身広長等相（しん こう じょう とう そう）	身長と両手を広げた長さが等しい。
毛上向相（もう じょう こう そう）	毛は青色でやわらかく、先端が上になびく。
一一孔一毛生相（いち いち く いち もう しょう そう）	ひとつの毛穴から1本の毛が生え、よい香りがする。
金色相（こん じき そう）	全身が黄金色に輝いている。
丈光相（じょう こう そう）	体から四方に一丈の光を放っている。
細薄皮相（さい はく ひ そう）	皮膚が薄く滑らかで、汚いところがない。

七処隆満相（しち しょ りゅうまん そう）	てのひら、足裏、肩、うなじの肉が豊かに盛り上がる。
両腋下隆満相（りょうやく げ りゅうまん そう）	わきの下の肉が豊かでへこみがない。
上身如獅子相（じょうしん にょ し し そう）	上半身はライオンのように威厳がある。
大直身相（だい じき しん そう）	体が大きい。
肩円好相（けん えん こう そう）	肩が丸く豊か。
四十歯相（し じゅう し そう）	歯が40本ある。
歯斉相（し さい そう）	歯の大きさや歯並びがそろっていて美しい。
牙白相（げ びゃく そう）	40本とは別に白く美しい鋭利な犬歯がある。
獅子頬相（し し きょう そう）	頬がライオンのようにふくらんでいる。
味中得上味相（み ちゅう とく じょう み そう）	なにを食べても最上の味わいになる。
大舌相（だい ぜつ そう）	舌が広く長い。
梵声相（ぼん じょう そう）	声が梵天（P198）のように大きく遠くまで届く。
真青眼相（しん しょう げん そう）	目が青い蓮華のような色で美しい。
牛眼睫相（ぎゅう ごん しょう そう）	まつげが牛のように長く整っている。
頂髻相（ちょう けい そう）	頭頂部が隆起し、盛り上がる（肉髻・にっけい）。
白毫相（びゃく ごう そう）	眉間に右巻きの白い毛があり、光明を放つ。

*読み方は一例。

仏様の識別ポイント

仏像・仏画はここに注目！

髪型

如来は束になった毛がひとつずつ巻貝のようにおさまった螺髪が基本。菩薩は長髪を結い上げ（宝髻）、明王は忿怒で髪が逆立っていたり（炎髪）、束ねていたりする（弁髪）。天部の神々は多彩。地蔵や祖師は剃髪（坊主頭）も。

螺髪
如来部の仏様。

宝髻
菩薩部の仏様。

弁髪
明王部の仏様。

剃髪 など
地蔵菩薩や祖師。

印相

如来は、手にものを持たないことが多い。先にあげた（P182）以外にも、さまざまな印があり、仏師など仏像をつくった人の思いも込められている。

持物

仏様の持ちもの。教えや功徳のシンボルでもある。持物でその仏様の性質がわかる。

蓮華
清らかさの象徴。

宝珠
願いを叶える。

数珠
煩悩を断ち切る。

法輪 など
仏法の象徴。

ポーズ・姿

立像、坐像、横になっている臥像に分けられ、個性や願いが表れている。
また、密教系の仏像には、手や顔が複数ある多面多臂像がある。

立像（りゅうぞう）

立ち姿。直立したり、足を前に出す。救済に向かうポーズ。

坐像

瞑想する姿の結跏趺坐（けっかふざ）、台座に腰掛ける椅座、左右の足裏を合わせる輪王坐など。

臥像

横になった姿。お釈迦様の涅槃のポーズ。

多面多臂

顔や手がたくさんある姿。おもに密教系。　**など**

光背（こう はい）

仏様の身体から発せられる光。仏像では頭部だけの頭光（ずこう）、体全体を覆う挙身光（きょしんこう）、頭部と胴体とで分かれた二重円光などがある。

放射光

頭光のひとつ。

二重円光

頭光と身光が重なった光背。

火焔光（か えん こう）　**など**

炎の光。忿怒の明王や密教系の仏様の挙身光。

台座

仏様が教えを説くために座する場。蓮の形の蓮華座、雲を模した雲座、須弥山（しゅみ せん）（P178）を模した須弥座のほか、動物や邪鬼に乗る仏様も。

蓮華座

多くの仏様が乗る。

象

菩薩が乗る。

邪鬼　**ほか**

四天王が乗る。

如意輪観音（にょ い りん かん のん）

観音菩薩の変化身で一面六臂（いちめんろっぴ）。6本の腕には六道の衆生救済、法輪・宝珠には智慧で一切の願望を満たす願いが込められている。輪王座（りんのうざ）で首を傾げ、救済方法を思惟している。

＊如意輪観音（観心寺・大阪府）などをもとに作成。

釈迦三尊

釈迦如来が中尊、一般的に脇侍に文殊菩薩、普賢菩薩が配置されます。

多くの仏教国で慕われる
釈迦如来

悟りを開いたお釈迦様。如来がぼろ布を袈裟としてまとうのは、このお釈迦様が基本形となっているため。ほかにお釈迦様の一生を表す八相成道（P87）各場面の像も。

慈悲を象徴する
普賢菩薩

普遍的な賢さをもつ菩薩。文殊とともに、釈迦如来の脇侍に配置され、六牙の白象に乗っていることが多い。女人往生を説く『法華経（P98）』に描かれ、女性からの信仰があつい。

二重円光

頭光と身光が重ね合わさった光背（挙身光）。周囲に文様が描かれるものも。

輪光

頭光（P185）のひとつで輪状になった頭部の後光。

蓮華座

泥池から満開の蓮が咲くイメージ。多くの仏像に用いられる。

瓔珞

装身具としてのネックレス。

六牙白象

マーヤー（P20）の夢に出てきた白象で吉兆の象徴。6本の牙は六波羅蜜を示すとも。

＊釈迦三尊像（頼久寺・岡山県）などをもとに作成。

頂髻相（P183）

白毫相（P183）

文殊菩薩、普賢菩薩以外にも梵天と帝釈天、またほかの菩薩との組み合わせもある。

通肩
右肩から前面を通して左肩にかける、如来の衲衣の着方。

智慧の高さを誇る
文殊菩薩
「三人寄れば文殊の知恵」の文殊菩薩。智慧の高さを誇る。バラモン出身者との説も。『維摩経』では、議論で負けなしの維摩居士と対等にわたり合う姿が描かれている。

宝剣
煩悩を断ち切る剣で、智慧の象徴。

経巻
お釈迦様の教えを授ける意味がある。

獅子
文殊菩薩の台座（獣座）。抜きんでた文殊の智慧を表す。

薬師三尊

薬師如来が中尊、日光菩薩、月光菩薩が脇侍となる現世利益の仏たち。

薬師如来を象徴する薬壺。飛鳥時代は持たない作例が多い。奈良・平安・鎌倉期の作例は持つものが多くなる。

月輪（がちりん）

現世の苦痛をとり除く医王
薬師如来（やくしにょらい）

正式には「薬師瑠璃光如来」（やくしるりこうにょらい）。東方浄瑠璃世界（とうほうじょうるりせかい）という仏国土に住む。除病安楽などの誓願を立て仏になった。現実的な人の苦しみをとり除く現世利益の仏様。

偏袒右肩（へんだんうけん）

衣の右肩を出す。相手への敬意を表す衣の着方。仏像では右肩に衣をかけているものが多い。

条帛（じょうはく）

菩薩などがたすきのように体に巻いている布。

転法輪印（てんぼうりんいん）

説法印（P182）のひとつ。人さし指と中指で輪をつくる。

天衣（てんね）

肩から胸側に垂らしてかける細く長い帯状の一枚布。

月の光で世界を照らす
月光菩薩（がっこうぼさつ）

月の光で遍く世界を照らす。薬師如来の説法を守る役割。月輪を掲げた、開いた蓮華を持つことが多い。日光菩薩はユニットで、左右対称となる。

＊薬師三尊像（薬師寺・奈良県）、薬師如来坐像（勝常寺・福島県）などをもとに作成。

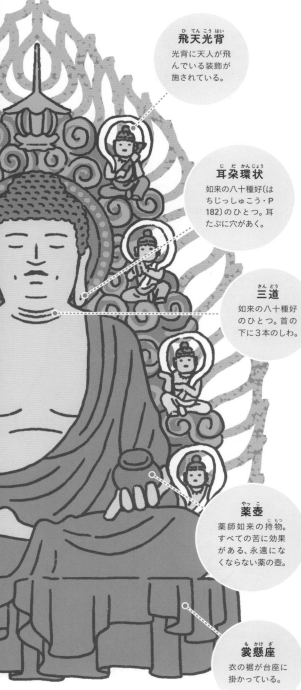

飛天光背
（ひてんこうはい）
光背に天人が飛んでいる装飾が施されている。

耳朶環状
（じだかんじょう）
如来の八十種好（はちじっしゅこう・P182）のひとつ。耳たぶに穴があく。

三道
（さんどう）
如来の八十種好のひとつ。首の下に3本のしわ。

薬壺
（やっこ）
薬師如来の持物。すべての苦に効果がある、永遠になくならない薬の壺。

裳懸座
（もかけざ）
衣の裾が台座に掛かっている。

太陽の光で世界を照らす
日光菩薩
（にっこうぼさつ）

太陽の光で遍く世界を照らす。月光が夜間の担当なら、こちらは日中を担当する薬師如来のサポーター。日輪を掲げた、開いた蓮華を持つことが多い。

日輪
（にちりん）

阿弥陀三尊

阿弥陀如来が中尊、左脇侍に観音菩薩、右脇侍に勢至菩薩が配置されます。

智慧の力で無知から救う
勢至菩薩

偉大な智慧の力があり、衆生を無知から救う。阿弥陀如来とともに臨終の際にあらわれ、極楽浄土へと導く。阿弥陀三尊のときは、合掌の印相が特徴。

放射光

筋光とも。頭光のひとつで阿弥陀如来や菩薩につけられる。

水瓶

宝冠には功徳水をたたえた水瓶。

合掌

阿弥陀三尊では、てのひらを合わせ、帰依を示す合掌の印相。

踏割蓮華座

ひと足ずつ別々になった蓮華の台座。明王にも使われる。

＊阿弥陀三尊来迎図（東京藝術大学大学美術館）などをもとに作成。

九品来迎印

平安時代の終わり頃に登場した阿弥陀如来の印相。九品は生前の行いによる極楽往生のランクで、高ランク（上品）、中ランク（中品）、低ランク（下品）、これらをさらに上・中・下に分け、それぞれに対応する印がある（意味は諸説ある）。

上品上生	中品上生	下品上生

上品中生	中品中生	下品中生

上品下生	中品下生	下品下生

極楽浄土を主宰する光と命の仏様
阿弥陀如来

梵語アミタ（無量）の音写で、語源はアミターバ（無量光仏）、アミターユス（無量寿仏）。尽きない無量の光の仏様で、西方極楽浄土を主宰する。

化仏
宝冠には化仏（小さな仏像）がつく。

蓮台
阿弥陀三尊では、往生する者が身を託す蓮台（P137）を持つ。

源信の描いた『往生要集（P166）』以降、臨終の際に西方極楽浄土から阿弥陀如来がお迎えに来るという思想が広まった。平安中期には、雲に乗り阿弥陀三尊がやってくる「来迎図」が流行。

人を助ける慈悲のシンボル
観音菩薩

正式名は観世音菩薩、観自在菩薩。救いを求める声を聞いてすぐに助けに行く（観世音）、すべての衆生を自在に救う（観自在）の意味がある。『法華経』のなかの『観世音菩薩普門品（観音経）』では、33の姿に変化すると記されている。

ふたつの経典の影響を受けた
奈良の大仏様

奈良・東大寺の大仏は『華厳経(P100)』に登場する毘盧遮那仏。蓮華蔵世界を司る仏様です。世界が蓮華から生まれ、さらに蓮華のなかに世界があるという無限の世界を、巨大仏で再現したものです。この蓮華台の蓮弁には、須弥山世界の線画も描かれています。ここに描かれる世界は『梵網経』にもとづいており、大仏建立後につくられたもの。『華厳経』と『梵網経』というふたつの経典の影響で、仏教的な宇宙観を表すことに成功しています。

大仏

『華厳経』に
もとづく世界

大仏部分は華厳経にもとづく毘盧遮那仏。太陽のような光の仏様。奈良の大仏様は坐像の高さだけで14.98mある。

千仏光

小さな仏が光背に並ぶ。毘盧遮那仏に用いられる。

蓮弁

『梵網経』に
もとづく世界

蓮弁一枚に、右図(P193)のような世界が描かれている。菩薩を従えた釈迦如来。その下層に三界が広がり、さらにいくつもの蓮弁のなかに須弥山があり……無数の世界が広がる。

＊上は東大寺盧舎那仏像(東大寺・奈良県)をもとに作成。右(P193)は蓮弁を略したイメージ図。

蓮弁の1枚に広がる蓮華蔵世界（イメージ）

毘盧遮那仏は、無限の時間をかけて修行し、蓮華蔵世界の教主となった。

毘盧遮那仏が放つ光のなかには無数の蓮華蔵世界が入れ子状に広がる。

蓮華の一枚一枚のなかにも仏教界が永遠に広がる。

大日如来
だい　にち　にょ　らい

密教の本尊、すべての如来・菩薩の中心で宇宙の真理そのものの象徴です。

『大日経』に登場。マハー
ヴァイローチャナという
仏で、語源は毘盧遮那仏
と同じ（P192）。宇宙の真
理そのものを示し、すべ
ての仏の根源。ほかの如
来とは異なり宝飾品を身
につける菩薩形。

五智宝冠
ご　ち　ほう　かん
5つの化仏で悟
りを表した宝冠
を被る。

智拳印
ち　けん　いん
金剛界の中心にいる
大日如来の印。
胎蔵界の中心にいる
大日如来は、法界定
印（P182）。

　＊大日如来坐像（東寺・京都府）などをもとに作成。

不動明王

大日如来の分身で、迷いを断ち切る剣を持ち、人々を救います。

火焔光背
煩悩を焼き尽くす怒りの炎が光背のモチーフ。

弁髪
長い髪を束ねて左に垂らす。

宝剣
（P187）

忿怒の姿で煩悩を断ち切り衆生を助けてくれる現世利益の仏様。「お不動さん」の愛称で庶民に親しまれる。

羂索
細い紐で、煩悩を縛り、迷う者を引き上げる。

瑟瑟座
揺るぎない不動の心を表す大きな岩（岩座）か、岩を模した瑟瑟座に坐す。

＊不動明王像（東寺・京都府）などをもとに作成。　　195

地蔵菩薩
じ ぞう ぼ さつ

無仏時代に娑婆世界にあらわれた救済の菩薩です。

円頂
えん ちょう
頭頂部が円錐形で頭を丸めた僧形の菩薩。

輪光
りん こう
（P186）

錫杖
しゃく じょう
乞食（こつじき）の来意を告げるときや、悪霊退散のときに使われる。

瓔珞
よう らく
（P186）

宝珠
ほう じゅ
思いのままに願いが叶う如意宝珠を持つ。

立像
りゅう ぞう
修行中にすぐに救済に行く姿として立像が多い。

衲衣
のう え
菩薩だが修行僧の姿。衲衣を身につけている。

\ **釈迦入滅** /

お釈迦様から無仏時代の衆生救済を任された、娑婆世界の慈悲の仏様。六道（P48）を巡りながら、衆生の苦難を代わりに受けてくれる。大地の力を内蔵している。
む ぶつ じ だい　しゅ じょう
きゅう さい　しゃ ば せ かい

無仏時代（地蔵菩薩の活躍）

＊絹本著色地蔵菩薩像（奈良国立博物館）、木造地蔵菩薩立像（藤田美術館）などをもとに作成。

弥勒菩薩
（み ろく ぼ さつ）

釈迦入滅後56億7000万年後にこの世に降り立ち、衆生を救う菩薩です。

宝珠光
（ほう じゅ こう）

如意宝珠をかたどった頭光。飛鳥時代の仏像に多い。

半跏思惟
（はん か し ゆい）

右足を左大腿にのせ（半跏）、手を頬に当てて考え（思惟）を巡らせる。

弥勒菩薩
登場

釈迦入滅から56億7000万年後にあらわれる!

現在は、兜率天という天にいて、救済の時期までお釈迦様の救済からこぼれた衆生をどう救おうか思惟している。

菩薩は男性?女性?

もともとは男性であり、男性像として描かれてきた。しかし、女性救済の菩薩が女性像であったり、各地の土着の女神と融合したりしたことで、女性的な菩薩像もつくられていった。

＊半跏思惟像（広隆寺・京都府）などをもとに作成。

梵天

バラモン教の創造神ブラフマ神が色界に住む仏教の守護神になりました。

四面四臂
4つの頭部と4本の腕をもつ。密教ではこの形の仏像が多い。

第三の目
額に第三の眼をもつ。真実を見極める力がある。

蓮華
仏教を象徴する花。菩薩や天部の持物。

臂釧
上腕につける宝飾品。

腕釧
手首につける宝飾品。

与願印
（P182）

払子
獣毛や麻などの束ねたもの。もともとは虫を払うもの。

ガチョウ
蓮華台の下にはガチョウが4羽。インドではガチョウは「ハンサ」と呼ばれる聖鳥。

お釈迦様に説法をすすめた梵天勧請（P28）で有名な神様。仏教の二大守護神「釈梵」として右に梵天、左に帝釈天と並びまつられることも。

帝釈天
たい　しゃく　てん

武神インドラは善見城に住み、仏教を守護しています。

インドの武勇の神であるインドラ。梵天
と並ぶ二大護法善神として信仰されて
いる。須弥山の頂上に君臨する仏教の
守護神。阿修羅王（P202）と闘い、仏教
に帰依させたエピソードが有名。

須弥山

善見城
ぜんけんじょう

仏教界では、須弥山の頂上
にある善見城の主とされる。

独鈷杵
とっ　こ　しょ
金剛杵のひとつ。
煩悩を打ち砕く
密教の法具。

遊戯坐
ゆ　げ　ざ
両足を組まず、片
脚だけ曲げたり、
立てたりしたくつ
ろいだ状態。

六牙白象
ろく　げ　の　びゃく　ぞう
（P186）

＊帝釈天半跏像（東寺・京都府）などをもとに作成。　　199

四天王

帝釈天（P199）のもと、須弥山中腹で四方の天を守護します。

筆
古い仏像では筆と経巻の組み合わせ。戟を持つことも。

千里眼で仏法を守護
広目天

西の守護神。広目は異なる目、種々の目という意味で千里眼をもつとされる。右手に筆、左手に経巻を持ち、仏法を守護する。

西

南

経巻
（P187）

戟
漢代に用いられた三叉の武器。災いを退ける。

増大する力をもつ
増長天

南の守護神。増大する力をもつ神と考えられ、そこから五穀豊穣の神としての信仰も。

　＊四天王立像（東大寺・奈良県）をもとに作成。

武力最強&福徳の神
多聞天

北の守護神。単独では毘沙門天と呼ばれる。インドでは財宝の神様だったが、中国にわたり武将の性格をもつように。日本では七福神（P203）のメンバーとしても人気。

宝塔

仏舎利（P72）が入った塔を掲げている。福徳の印でもある。

須弥山

北

東

四天王は須弥山中腹の東西南北から天を守護。インドでは貴人として描かれるが、日本では、唐代の甲冑を身につけている像が多い。邪鬼を踏みつけているのも特徴。

金剛棒

金剛とはダイヤモンドのことで、密教の宝具のひとつ。戟を持つことも。

宝剣
（P187）

衆生を守り、国を支える
持国天

東の守護神。持国には国を支えるという意味がある。衆生の生活を守る神様。中国の古い仏像では、武器ではなく琵琶を持つこともある。

邪鬼

小型の鬼で、仏法をおかす象徴として四天王に踏みつけられる。

阿修羅
あ しゅ ら

帝釈天（P199）との戦いに敗れ、修羅道にいる神様です。

お釈迦様の説法を聞いて、眷族（如来や菩薩に従うもの）となった八部衆のひとり。

三面六臂
さん めん ろっ ぴ

3つの顔、6本の腕をもつ興福寺の国宝が有名。三面の顔は仏教に帰依する表情の変化を表現。

洲浜座
す はま ざ

中国古来の仙境にある洲浜を模した岩場の台座。阿修羅に使われる。

帝釈天との戦いに敗北

阿修羅王は娘を帝釈天に嫁がせようとしていたが、帝釈天は待ちきれずに娘を奪いとってしまう。怒った阿修羅王は、帝釈天と闘うことに。その一方で娘は帝釈天を愛してしまったため、さらに阿修羅王は激怒し、とうとう悪鬼となり、修羅道におちてしまう。

　＊阿修羅立像（興福寺・奈良県）をもとに作成。

神様、仏様の混合個性派集団
七福神

　7人のめでたい神様をまつる七福神信仰は室町時代後期頃から始まり、いまのメンバーに固定されたのは江戸時代後期といわれています。

　恵比寿は神道の神様、福禄寿と寿老人は道教の神様、布袋は実在の中国の僧侶、大黒天・毘沙門天・弁才天は仏教の天部。そのうち大黒天は日本で大国主命と同一視されるようになったユニークな存在。

　七福神信仰は大らかな信仰をもつ日本らしい風習といえるでしょう。

毘沙門天
多聞天（P201）の別名。財福を届ける神様として信仰される。

福禄寿
もともとは道教の神様。福＝幸福、禄＝財産、寿＝健康長寿が具現化した神様。

大黒天
もとはシヴァ神の化身だが、日本で大国主命と混同され、信仰対象に。

弁才天
インドの女神。音楽、弁舌、財の徳がある。財福の意味から「弁財天」とも。

恵比寿
大国主命の息子「事代主命（ことしろぬしのみこと）」といわれ、大黒天とセットでまつられる。

布袋
唐代の契此〔かいし〕という実在の禅僧。太鼓腹で頭陀袋と杖を持ち、人々を占った。弥勒菩薩の化身ともいわれる。

寿老人
もともとは道教の神様。南極星が人格化した仙人だといわれ、長寿の神様として好かれる。

お寺の山門をくぐり、仏様がいる境内へ

仏様がまつられる寺院やその境内は、経典の世界を具現化したもの。そこは日常とは異なる神聖な空間です。

代表的な3つの建築様式

時々の大陸文化の影響や宗派の特色が、寺院建築の変遷にも見られます。

和様（わよう）

和様では柱上だけに組物を置き、柱と天井の中間に間斗束、蟇股を置く。

柱の上で軒を支える蟇股と間斗束が特徴

奈良時代に伝わった唐由来の建築様式が、平安時代以降に日本化して成立した様式。掘立・茅葺の神社建築から、礎石と柱、土壁・組物・瓦屋根を用いた壊れにくい建築へと変化し、以降の日本家屋建築の基礎となる。装飾は少なめ、蟇股（かえるまた）や間斗束（けんとづか）が特徴。

代表的な建築

- 興福寺東金堂（奈良県）
- 西明寺本堂（滋賀県）など

桁

頭貫

\ ここに注目！ /

間斗束

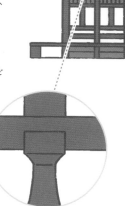

柱と柱のあいだの桁（けた）に使われる、斗をのせる束。シンプルな組物。

\ ここに注目！ /

蟇股

頭貫（かしらぬき）など横木の上につくられ、斗をのせたときに荷重を分散。カエルの股に似ているところから。

建築様式　大陸由来の寺院建築が日本の建築を変えた

　仏教の伝来は、経典や僧侶が伝えられただけではありませんでした。寺工（寺院建築の専門家）や瓦博士（屋根瓦職人）など寺院建築に必要な人材も百済から渡来したのです。
　神社の茅葺屋根のように、それまでの

日本の建築は定期的な建て替えを前提としていました。一方、大陸経由の寺院建築は、柱を基礎に乗せ腐らないようにし、また瓦葺を用いるなど堅固なものでした。寺院建築はそれまでの建築の考え方を大きく変えました。

大仏様

内部には天井板がなく、柱と横木で屋根全体を支えている。

軒

広がりのある豪華な屋根が可能に

　鎌倉時代に入り、東大寺の再建に関わる重源によりもたらされた宋の建築様式。軒を支える挿肘木を何段にも用いたり、穴を開けた柱に横木を貫通させて固定したりすることで、広がりのある豪華な屋根をつくり出すことに成功。全体的に雄大な印象を与える。

\ここに注目! /

遊離尾垂木

重い瓦屋根の軒先を支える長方形の木。柱と柱のあいだに使われる。

\ここに注目! /

詰組

柱の上、柱と柱のあいだに複雑な組物がある。

代表的な建築
・東大寺南大門（奈良県）
・浄土寺浄土堂（兵庫県）など

禅宗様

装飾性が高く、繊細なつくり

　鎌倉時代に禅宗とともに宋から伝えられ、禅宗の寺院建築に用いられた。屋根が反り返り、軒下の複雑な組物（詰組）、また火灯窓と呼ばれる曲線を描いた窓が特徴。細部まで整然とした印象。

代表的な建築
・永平寺（福井県）
・東福寺（京都府）など
＊東福寺三門は和様、大仏様、禅宗様が混ざり合っている。

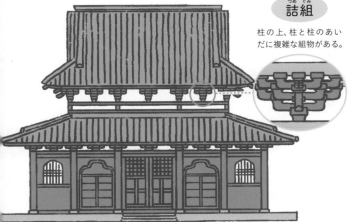

時代・寺院ごとに配置が変化する

寺院建築の構成要素として、七堂伽藍というものがあります。塔（仏舎利を入れる場所）、金堂（仏像を安置する場所）、講堂（僧侶が説法する場所）、僧坊（僧侶が住むところ）、経蔵（経典を収納する場所）、鐘楼（鐘をつく場所）、食堂（僧侶が食事をとる場所）の七つ。この配置が塔中心から金堂中心に変遷していきます。

さらに、平安時代から鎌倉時代になると、各宗派の特色が。たとえば、浄土教系の寺院では、阿弥陀如来をまつる阿弥陀堂を中心にした配置が見られます。

塔・金堂で見る伽藍配置の変遷

飛鳥時代から奈良時代にかけて、塔が伽藍の主役から次第に脇役に。

596年

飛鳥寺式

日本最古の
寺院建築

日本最古の本格的寺院建築。南門、中門、塔、中金堂、講堂が一直線に並び、塔の東西にも金堂を配置する左右対称の「一塔三金堂」式。当時の朝鮮における寺院建築の影響が強い。塔が中央に据えられ、重要度の高さがうかがえる。

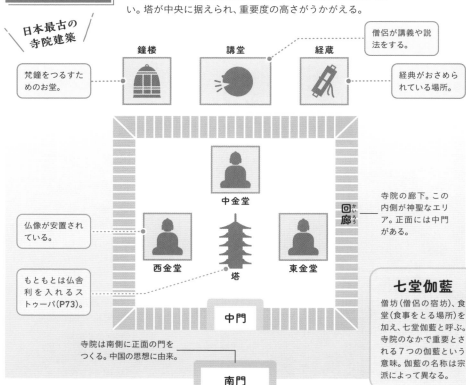

梵鐘をつるすためのお堂。 — 鐘楼

僧侶が講義や説法をする。 — 経蔵

経典がおさめられている場所。

講堂

仏像が安置されている。 — 中金堂／西金堂

もともとは仏舎利を入れるストゥーパ（P73）。 — 塔

東金堂

中門

寺院の廊下。この内側が神聖なエリア。正面には中門がある。 — 回廊

寺院は南側に正面の門をつくる。中国の思想に由来。

南門

七堂伽藍

僧坊（僧侶の宿坊）、食堂（食事をとる場所）を加え、七堂伽藍と呼ぶ。寺院のなかで重要とされる7つの伽藍という意味。伽藍の名称は宗派によって異なる。

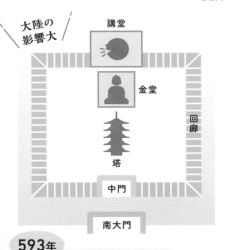

大陸の
影響大

593年

四天王寺式

飛鳥寺と同じ時代につくられた。南大門から
中門、塔、金堂、講堂までが一直線に並び、大
陸の様式を踏襲している。

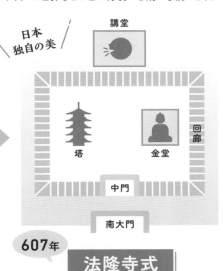

日本
独自の美

607年

法隆寺式

回廊内には塔と金堂が並ぶ。中門から見たと
きに塔と金堂が同時に目に入る伽藍配置へ
と変化する。左右対称から非対称へ。

塔が2基！

697年

薬師寺式

薬師三尊をまつる金堂を中央に据え、東西に
2基の塔が立つ。塔の重要性が低くなり、塔
より金堂が主役となる。

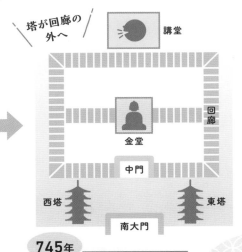

塔が回廊の
外へ

745年

東大寺式

南大門、中門、金堂、講堂が一直線に並び、塔
は回廊の外へ。南大門と中門の中軸線を境に
東西に配置。

須弥山世界を再現している

お堂の構造は、基本的に本尊が中心となります。本尊が安置される壇を須弥壇と呼びますが、これは仏教の世界観の中心に位置する須弥山に由来。本堂は須弥山世界の再現でもあるのです。

須弥壇を含めた周囲を内陣といい、そこで僧侶が法要を執り行います。内陣から一段下がったエリアが外陣。ここに檀信徒が座ることが一般的。檀信徒はご本尊を仰ぎ見る形となります。檀信徒と仏様をつなぐのが僧侶の役割であることが配置から感じられるでしょう。

一般的な寺院本堂の間どり

宗派にかかわらず、多くの寺院で本尊を須弥壇にまつり、仰ぎ見ます。

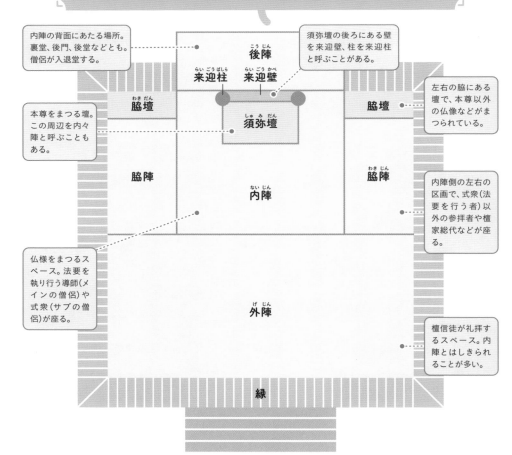

内陣の背面にあたる場所。裏堂、後門、後堂などとも。僧侶が入退堂する。

須弥壇の後ろにある壁を来迎壁、柱を来迎柱と呼ぶことがある。

本尊をまつる壇。この周辺を内々陣と呼ぶこともある。

左右の脇にある壇で、本尊以外の仏像などがまつられている。

仏様をまつるスペース。法要を執り行う導師(メインの僧侶)や式衆(サブの僧侶)が座る。

内陣側の左右の区画で、式衆(法要を行う者)以外の参拝者や檀家総代などが座る。

檀信徒が礼拝するスペース。内陣とはしきられることが多い。

後陣

来迎柱　来迎壁

脇壇　脇壇

須弥壇

脇陣　脇陣

内陣

外陣

縁

本堂で使われるさまざまな鳴りもの
鳴り物は大勢の僧侶による読経が乱れぬよう、合図やテンポをとるもの。

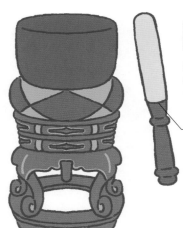

磬子 _{けい す}

鉢型の鋳物の鳴り物。儀式の区切り、読経の際に、導師の動きに合わせ、桴を使い鳴らす。家庭用のものは鈴が使われる。

── 桴 _{ばち／ばい}

支木 _{し もく}

魚板 _{ぎょ ばん}

鉦吾 _{しょう ご}

畳台の上に置かれた金属製の鐘。読経の際に、木製の支木を打ち拍子をとる。

木魚の原型。禅寺で使われる時報の鳴りもの。魚は眠るときに目を閉じないことから、寝る間を惜しみ修行せよという意味。

木魚桴 _{もく ぎょ ばち}

木魚 _{もく ぎょ}

読経の際に桴でたたいて拍子をとる。禅宗、天台宗、浄土宗などで使われる。日蓮宗では木鉦（円形の木製の鳴りもの）。浄土真宗では使われない。

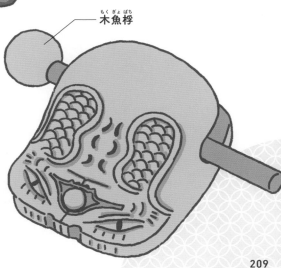

パゴダ

お釈迦様とつながれる
祈りの場所

パゴダとは、上座部仏教が盛んなミャンマーの巨大な寺院施設です。仏塔を表す英語で、とくにミャンマー式の「仏塔（ストゥーパ・P73）」のこと。

日本にも五重塔などの仏塔がありますが、時代とともに仏塔より仏像をまつる金堂の重要性が高まりました。

一方で、ミャンマーでは仏塔がいまでも最重要施設であり、祈りの対象。お釈迦様とつながることができる場所であり、パゴダを建てるのは最大の功徳。よりよい輪廻転生が約束されると考えられています。ミャンマーの各地には、宝石や金が施され豪華絢爛なパゴダ、巨大な仏像が鎮座するパゴダがあり、在家信者の布施により支えられています。人々が日常的に祈りを捧げに訪れる場所であり、観光地としても人気です。世界中の人が訪れています。

日本にも存在する
公園にそびえるパゴダ

日本にもミャンマー政府・仏教会が公認している「世界平和パゴダ」が北九州市門司区に建立されています。日本とミャンマーの親善、仏教交流、世界平和の祈念、そして第二次世界大戦の際の戦没者慰霊を目的につくられたもの。和布刈公園の山頂にそびえるミャンマー式の仏塔で、誰でも参拝できます。

ミャンマーのヤンゴンにあるシュエダゴン・パゴダ。6〜10世紀に建立されたとされる。ミャンマー仏教の重要な聖地。

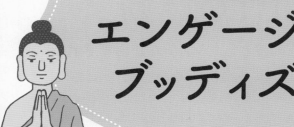
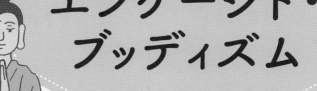

仏教界の最前線
エンゲージド・ブッディズム

1990年代から、欧米で「エンゲージド・ブッディズム」という言葉が用いられるようになってきました（ベトナム人僧侶ティク・ナット・ハンが1960年代に用いたのが初出）。社会に関わる仏教、社会参画仏教と訳される言葉です。

仏教は個人の内面を対象とするという欧米人の仏教理解を覆しました。社会問題解決に積極的に関わる仏教者の活動が、世界の仏教界で注目されています。

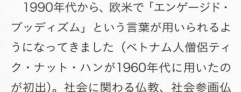

差別問題

古代インドの階級社会を否定した仏教がいま再び

インドではいまも身分・種族差別があり、とくに最下層の不可触民（ダリット）と呼ばれる人たちへの差別は苛烈であることが知られています。ダリット出身のビームラーオ・アンベードカル（1891〜1956）は、努力の末、法務大臣まで務め、不可触民制度の改革にもとり組みました。そして、アンベードカルは死の2か月前にヒンドゥー教から仏教に正式に改宗、同じく約50万人の不可触民が仏教に改宗。身分制度はヒンドゥー教と密接に結びついているので、仏教徒になることで、そこから自由になれるのです。

LGBTQ運動

生物学的性別を前提としたシステムが再考される

　近年、社会的にとり組まれるようになったテーマの一つにLGBTQがあります。いわゆる保守的な家族観をもつとされる諸宗教は対応に追われているのが現状です。具体的な課題としては、たとえば、修行道場では男性だけ、女性だけの生活空間がありますが、性自認が生物学的な性と異なる修行者に対して、どう対応すべきか、各宗派は考えていかないといけません。また身近な例では戒名（P172）も生物学的な性が反映されます。性自認は女性である生物学的男性に信士・居士、信女・大姉のどちらをつけるかも検討されています。

ボランティア

他者の苦に寄り添う慈悲の精神と高い親和性

　仏教教団や寺院が母体となったボランティア団体は少なくありません。また、近年では、東日本大震災等の被災地での僧侶のボランティア活動が話題になりました。

　こうした活動のベースにあるのは、大乗仏教の慈悲の精神であると指摘されます。慈悲とは、他者の苦しみ・悲しみに共感すること。それに促され誰かのために行動を起こすこと（利他）、その結果、自分自身の宗教性が高まる（自利）と考えられます。つまり、ボランティアは利他と自利が結びつく慈悲の実践なのです。

貧困問題

生活支援だけではない、僧侶ならではのとり組みも

日本国内で貧困が大きな社会課題としてとり上げられるようになった2000年代、それまでも仏教界で活動事例はありましたが、具体的なとり組みが広く知られるようになりました。たとえば、路上生活者を支援する東京の僧侶たちの団体は、食料の配布をするだけではなく、亡くなられた路上生活者の遺骨を納め丁寧に供養しています。身寄りのない路上生活者は、死後もホームレスになってしまう不安を抱えているといいます。しっかり弔うことで、そうした不安をやわらげるという活動は、僧侶ならではといえるでしょう。

高齢化社会

コンビニより多い寺院が果たせる地域での役割とは

総人口に占める高齢者の割合が3割に近い日本、独居高齢者も増加する一方で医療、福祉サービスだけでは高齢者を支え切れない状況です。そんななか、地域のさまざまなセクターが連携して、高齢者がいつまでもその町で住み続けられるような地域共生社会の実現が希求されています。全国に7万以上ある寺院も、地域の一員として果たせる役割があるのではないでしょうか。僧侶は高齢者と接する機会も多く、それだけで見守りや孤立予防に寄与しているともいえます。僧侶・寺院にはまだまだ秘めた可能性があるはずです。

ピッ
ピッ

AI・ロボット

お釈迦様の教えから適切な回答を導き出すAI開発

　AI・ロボットの進展は目覚ましく、人間が担ってきた職業がとって代わられる未来が予測されていますが、宗教者は最後まで残るともいわれています。そんなAIを使い、さまざまなチャレンジが行われています。たとえば、仏典を学習させ、各種の悩みに対する回答ができるAIをつくるというもの。まだ開発途上で、悩みを解決するまでには到っていませんが、僧侶AIに人生相談をする時代がやってくるかもしれません。仏典を記憶できても、悩み相談の言葉の裏にある心の機微まで読みとれるのは人間だけだと信じたいですが……。

ビハーラ

死にゆく人やその家族の実存的痛みに耳をかたむける

　かつて、病院に僧侶が行くと死を連想させて「縁起でもない」といわれた時代がありました。

　しかし、死を前にして宗教者に話を聞いてほしいと願う人たちもいます。病床で死にゆく人やその家族の話に耳をかたむける僧侶の活動は、ビハーラ活動（僧侶はビハーラ僧）と呼ばれます。

　東日本大震災を契機として、その需要が高まり、仏教系の大学が主導となり、病床や高齢者施設で傾聴を基本としたスピリチュアルケアをする臨床宗教師の養成が始まり、広がりを見せています。

マインドフルネス

禅から宗教性をとり除いたものという指摘も

　企業や軍隊などで心の平安を保ち、集中力を高める瞑想としてマインドフルネスが採用され、一般社会にも普及しています。マインドフルネスは、アメリカの科学者ジョン・カバット・ジンが仏教の禅（瞑想）と西洋科学を融合させ、身体疾患・精神疾患の患者向けに開発したマインドフルネスストレス低減法に端を発するもの。本来の禅は、仏道修行のひとつですが、企業などが社員教育にマインドフルネスを採用する理由は、集中力や生産性向上のためであり、禅との大きな差異があらわれています。

グリーフケア

死者とのつながりを紡ぎ続けてきた仏事の再評価も

　死別の悲嘆反応のことをグリーフと呼び、一人ひとりがそのグリーフに折り合いをつけていく作業をグリーフワーク、他者がサポートすることをグリーフケアといいます。日本の仏教は葬式仏教と揶揄されることもありますが、逆にいえば、僧侶はつねに死別の現場にたずさわっているということ。いま、葬儀や法事がグリーフケアの視点から見直され始めています。故人をいつも身近に感じる仏壇や故人が毎年帰ってくるお盆など、日本の仏教は故人と遺族を結びつける役割を果たしてきたのです。

ピッピッ

自死問題

死にたい人、そして遺された人にできることは？

「自殺をした人は成仏できない」と当たり前にいわれていた時代がありました。自死を防ぎたいがための言葉だったのかもしれませんが、多くの自死遺族がこの言葉に苦しめられてきたのも事実です。

　近年の研究では、原始仏教では自死を戒律違反とは見なしていなかった、自死が成仏できないとする根拠はないと指摘されています。こうした仏教理解が広まることは、自死への偏見をなくす一助になるはず。また、死にたいという本人の悩み、また自死遺族の声に耳をかたむける僧侶の相談活動も各地で行われています。

過疎化

地域とともに生きる寺院・僧侶による仏教伝道とは

　少子高齢化が進み、人口が都市部に集中するなかで、地方の過疎化は深刻です。少なくない寺院が過疎地域に立地しており、経営的にも厳しくなっています。そのような状況でも、地域の核として奮闘している寺院があります。高齢者や子どもがともに過ごせる場所になっている寺院、お祭りやイベントを通じて地域に元気を与えている寺院も。こうした活動により地域社会の一員だと住民から認められ、親しみをもってもらえるのでしょう。寺院・僧侶が地域の人々に身近に感じてもらうことが、昔ながらの仏教の伝道といえます。

参考資料

『お坊さんも学ぶ仏教学の基礎① インド編 [改訂版]』大正大学仏教学科 編（大正大学出版会）
『お坊さんも学ぶ仏教学の基礎② 中国・日本編 [改訂版]』大正大学仏教学科 編（大正大学出版会）
『完全図解 仏教早わかり百科』ひろさちや 監修（主婦と生活社）
『ごまかさない仏教 仏・法・僧から問い直す』佐々木閑・宮崎哲弥 著（新潮社）
『宗教年鑑 令和4年版』文化庁 編
『出家とはなにか』佐々木閑 著（大蔵出版）
『趣味工房シリーズ 直伝 和の極意 彫刻家・籔内佐斗司流 仏像拝観手引』（NHK出版）
『須弥山と極楽——仏教の宇宙観』定方晟 著（講談社）
『趣味Do楽 彫刻家・籔内佐斗司流 仏像拝観手引』（NHK出版）
『趣味Do楽 籔内佐斗司流 ほとけの履歴書—仏像のなぞを解きほぐす』（NHK出版）
『初期仏教——ブッダの思想をたどる』馬場紀寿 著（岩波書店）
『奈良で学ぶ 寺院建築入門』海野聡 著（集英社）
『日本仏教史—思想史としてのアプローチ』末木文美士 著（新潮社）
『仏教』廣澤隆之 著（ナツメ社）
『仏教事典』日本佛教学会 編集（丸善出版）
『ブッダの生涯』木村清孝 監修、ジョン・ボウスリエ 著、富樫瓔子 訳（創元社）
『仏壇仏具ガイダンス』仏事コーディネーター資格審査協会 編集 全日本宗教用具協同組合 発行（宗教工芸社）
『別冊太陽 新版 仏像 日本仏像史講義』山本勉 著（平凡社）
『別冊100分de名著 集中講義 大乗仏教 こうしてブッダの教えは変容した』佐々木閑 著（NHK出版）
『菩薩として生きる』船山徹 著（臨川書店）
『マンガでわかる日本仏教13宗派』石田一裕 監修、カワモトトモカ マンガ（誠文堂新光社）
『ミャンマー仏教を語る 世界平和パゴダの可能性』井上ウィマラ・天野和公・八坂和子・一条真也 著（現代書林）
『やさしくわかる仏教』佐々木宏幹 監修（ナツメ社）
WEB版 新纂 浄土宗大辞典 URL http://jodoshuzensho.jp/daijiten/

監修

石田一裕（いしだ・かずひろ）

仏教学者。久保山光明寺住職。

1981年北海道生まれ。浄土宗総合研究所研究員、大正大学非常勤講師。高校卒業後、元全日本仏教会理事長・白幡憲佑氏に弟子入り。久保山光明寺（神奈川県）にて修行。大正大学大学院仏教学研究科博士課程修了、博士（仏教学）。インド部派仏教研究を専門としつつ、日本における経典解釈論からペット供養の基礎的研究などの現代的課題まで幅広い研究を行っている。監修書に『マンガでわかる日本仏教13宗派』（誠文堂新光社）などがある。

STAFF

イラスト	いたばしともこ
本文デザイン	八月朔日英子
校正	渡邉郁夫
編集協力	オフィス201（小川ましろ）
編集担当	神山紗帆里（ナツメ出版企画）

本書に関するお問い合わせは、書名・発行日・該当ページを明記の上、下記のいずれかの方法にてお送りください。お電話でのお問い合わせはお受けしておりません。
・ナツメ社webサイトの問い合わせフォーム
　https://www.natsume.co.jp/contact
・FAX（03-3291-1305）
・郵送（下記、ナツメ出版企画株式会社宛て）
なお、回答までに日にちをいただく場合があります。正誤のお問い合わせ以外の書籍内容に関する解説・個別の相談は行っておりません。あらかじめご了承ください。

知れば知るほどおもしろい！ やさしくわかる仏教の教科書

2024年 3 月 7 日 初版発行
2024年10月 1 日 第 3 刷発行

監修者	石田一裕	Ishida Kazuhiro,2024
発行者	田村正隆	
発行所	株式会社ナツメ社	
	東京都千代田区神田神保町1-52　ナツメ社ビル1F（〒101-0051）	
	電話 03-3291-1257（代表）　FAX 03-3291-5761	
	振替 00130-1-58661	
制　作	ナツメ出版企画株式会社	
	東京都千代田区神田神保町1-52　ナツメ社ビル3F（〒101-0051）	
	電話 03-3295-3921（代表）	
印刷所	ラン印刷社	

ISBN978-4-8163-7505-7　　　　　　　　　　　　　　　　　Printed in Japan

ナツメ社Webサイト
https://www.natsume.co.jp
書籍の最新情報（正誤情報を含む）は
ナツメ社Webサイトをご覧ください。